L.-L. BURON

VIEILLES ÉGLISES
DE FRANCE

ILLUSTRATIONS

De HUBERT-CLERGET, FELMANN, THORIGNY, etc.

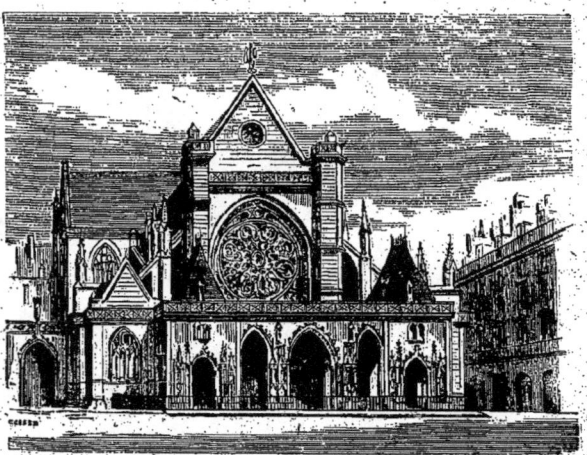

ÉGLISE SAINT-GERMAIN L'AUXERROIS

PARIS

LIBRAIRIE CH. DELAGRAVE

15, RUE SOUFFLOT, 15

VIEILLES ÉGLISES

DE FRANCE

SOCIÉTÉ ANONYME D'IMPRIMERIE DE VILLEFRANCHE-DE-ROUERGUE
Jules Bardoux, Directeur.

L.-L. BURON

VIEILLES ÉGLISES DE FRANCE

Illustrations de Hubert-Clerget, Felmann, Thorigny, etc.

ÉGLISE SAINT-GERMAIN-L'AUXERROIS, PARIS

PARIS
LIBRAIRIE CH. DELAGRAVE
15, RUE SOUFFLOT, 15

1891

VIEILLES ÉGLISES
DE FRANCE

NOTRE-DAME DE PARIS

L'histoire de Paris est assez connue, elle a été écrite assez savamment et minutieusement par des écrivains de talent, pour que nous nous abstenions d'en rien dire ici. Nous nous bornerons donc à décrire Notre-Dame, église métropolitaine de cette illustre et splendide capitale, dont elle est, au point de vue architectural, la plus ancienne gloire et l'un des plus beaux ornements. Sans doute les monuments religieux sont en grand nombre à Paris, mais au premier rang doit être placée Notre-Dame.

L'origine de ce précieux monument, d'architecture ogivale, est enveloppée d'obscurité. On sait qu'au temps de l'occupation romaine, dès le règne de Tibère, des autels dédiés aux divinités païennes de la Gaule et de Rome s'élevaient à la pointe orientale de l'île de la Cité, mais il est impossible de déterminer le moment précis où, sur leurs débris, fut érigée une église chrétienne. Cependant quelques auteurs attribuent à saint Denis, que l'Église de Paris reconnaît pour son premier pasteur, la fondation du premier sanctuaire chrétien, quoiqu'il n'en reste d'ailleurs aucune preuve authentique. Ne serait-on donc pas plus près de la vérité en entendant ici par église une assemblée chrétienne qui se rendait secrètement, avec son premier pasteur, dans des lieux retirés pour y célébrer les saints mystères, et non une église dans le sens matériel du mot? Dans les premiers temps du christianisme, on désignait en effet sous le nom d'Église les assemblées des fidèles.

Des documents beaucoup plus certains établissent que, vers 375, dans la Cité, sur le bord de la Seine, à la pointe orientale de l'île, sous l'épiscopat de saint Marcel, s'élevait une église, et que, placée sous le vocable de saint Étienne, premier martyr, cette église fut la première église de Paris.

Quoi qu'il en soit, il paraît hors de doute que, vers la fin du sixième siècle, cette cathédrale se composait de deux édifices très voisins l'un de l'autre, mais très distincts cependant : l'un, Saint-Étienne, situé vers la partie méridionale de l'église actuelle et le plus important; l'autre, placé sous l'invocation de sainte Marie, un peu plus à l'orient et vers le nord. En 555, sur le conseil de saint Germain, évêque de Paris, Childebert Ier, l'un des fils de Clovis, fit reconstruire sur de plus vastes proportions cette église, qui désormais fut incontestablement reconnue pour la cathédrale. Toutefois un acte de 1331, conservé dans les archives de l'Église de Paris, démontre que l'église consacrée sous le vocable de Saint-Étienne était *la plus ancienne et le premier siège de l'évêque*. Sans doute, avant cette époque, la dévotion à la sainte Vierge avait été recommandée aux fidèles et même pratiquée par les premiers chrétiens; mais des temples ne furent érigés sous son invocation que depuis le concile général tenu à Éphèse en 431, lequel défendit avec autant de force que de succès la glorieuse qualité de *mère de Dieu* que Nestorius avait osé disputer à Marie.

Childebert Ier commença donc le nouvel édifice sur les ruines de l'ancien, bâti par les premiers chrétiens à la pointe orientale de l'île, ou plutôt sur celles d'un temple dédié à Jupiter, dont les débris furent employés dans les fondements de la nouvelle cathédrale. En effet, en 554, ce prince avait publié un édit par lequel il ordonnait la destruction des idoles et des temples érigés aux dieux des Romains. Ce nouvel édifice devait être déjà très remarquable, puisque Fortunat, évêque de Poitiers et poète contemporain, décrit la magnificence de ce temple, qu'il compare à celui de Salomon pour la délicatesse de l'art et la richesse des ornements. Pour soutenir, dit-il, et embellir cet édifice, on employa des colonnes de marbre dont le nombre, qu'il fixe à trente, fait juger de l'étendue de l'édifice. Il constate aussi que les vitres répandaient au dedans une grande clarté et produisaient un effet admirable sur les murs et sous les voûtes au lever de l'aurore ; or, comme cet effet ne peut s'entendre que du verre de couleur, il en faut conclure que déjà l'usage en était introduit dans nos temples.

Saint Germain transféra de Saint-Étienne dans Notre-Dame le service divin. Pour lui donner plus d'éclat, Childebert dota d'amples revenus cette église, qui devint dès lors la cathédrale de Paris. « Mais, dit l'abbé Lebeuf, il ne paraît pas que cette église ait subsisté au delà de trois siècles, car en 857

NOTRE-DAME DE PARIS.

les Normands y mirent le feu et n'épargnèrent que celle de Saint-Étienne[1]. »
En 907, Anschéric, cinquantième évêque de Paris, obtint de Charles le Simple le revenu de l'abbaye de Rebais pour la réparation de l'église cathédrale, ruinée de fond en comble. Louis VI, dit le Gros, par une charte de 1123, accorda à Bernier, doyen de l'église de Paris, une somme annuelle de dix livres pour être employée à couvrir l'église de Notre-Dame, à condition que les poutres, les bois et autres matériaux seraient fournis par l'évêque ; et c'est bien de l'église bâtie par Childebert en 535, ruinée par les Normands en 857 et rétablie par Anschéric, évêque de Paris en 907, qu'il s'agit, et non pas d'une autre, comme l'a prétendu l'avocat Charpentier[2].

Il est dit aussi dans l'*Éloge de Suger,* que ce célèbre abbé de Saint-Denis, mort en 1152, avait fait présent à l'église de Notre-Dame d'un vitrage d'une grande beauté. On appelait, il est vrai, vers 1110, cette basilique *Nova Ecclesia,* mais c'était pour la distinguer de celle de Saint-Étienne, que l'on avait surnommé le Vieux.

Depuis que les rois de France avaient fait de Paris le siège de la monarchie, la population s'en était considérablement accrue ; aussi Maurice de Sully, qui occupait alors le siège épiscopal de cette ville, entreprit-il de faire rebâtir sur un nouveau plan et dans de plus vastes proportions l'église de Notre-Dame, devenue trop petite. Ce prélat, d'abord pauvre écolier, né de parents obscurs, à Sully, dans l'Orléanais, s'était progressivement élevé à cette dignité par sa science et sa vertu. Il voulut doter sa ville épiscopale d'un monument qui surpassât celui de Childebert, qu'il s'agissait de remplacer, et, secondé par la générosité des fidèles, il fit commencer en 1161 les travaux de ce beau temple. Des historiens rapportent que le pape Alexandre III, en ce temps-là réfugié en France, en posa la première pierre.

Fausse est donc l'opinion qui attribue à Robert le Pieux, fils de Hugues-Capet, le commencement de cet édifice, continué par ses successeurs jusqu'à Philippe-Auguste, sous le règne duquel Maurice de Sully aurait eu la gloire de l'achever.

Outre que l'architecture de cette église n'offre rien qui puisse la faire rapporter aux siècles antérieurs à cet évêque, plusieurs témoignages prouvent formellement que ce fut Maurice de Sully qui la fit commencer. En tout cas, il est incontestable qu'il l'avança beaucoup ; il mourut le 11 septembre 1196, laissant cent livres pour la continuer. Son successeur, Eudes de Sully, parent

---

[1]. L'abbé Lebeuf, *Histoire du diocèse de Paris,* tome Ier, p. 9.
[2]. *Description historique et chronologique de l'église métropolitaine de Paris.*

de Philippe-Auguste, roi de France, et de Henri II, roi d'Angleterre, fit pousser activement les travaux jusqu'à sa mort, arrivée en 1208. On l'inhuma au milieu du chœur, et sur sa tombe, en cuivre, fut représentée son effigie. Pierre de Nemours et les évêques ses successeurs achevèrent, depuis, ce grand et bel édifice, auquel pendant plus d'un siècle, sous la direction gratuite d'ouvriers habiles qu'à notre époque on appellerait artistes, de nombreux travailleurs organisés donnèrent leur temps et leurs soins. On leur donnait le nom de *francs-maçons* à cause des exemptions et privilèges dont ils jouissaient. Ainsi s'éleva la vaste église qui toujours a été l'amour et l'orgueil des Parisiens.

La nef, bâtie vers le commencement du treizième siècle, est postérieure à la construction du chœur, et l'on croit que la façade principale fut achevée sous Philippe-Auguste, c'est-à-dire, au plus tard, en 1223, ce que prouvent d'ailleurs l'architecture et la sculpture ainsi que l'effigie de ce roi, la dernière des vingt-huit que l'on voyait, avant 1793, dans la galerie dite des *Rois*, et qui, rétablies depuis, la décorent encore aujourd'hui.

Pour dégager ce beau monument, on abattit, en 1218, la vieille église de Saint-Étienne, et ce fut le 12 février 1257, sous le règne de Louis IX, que Régnault de Corbeil, évêque de Paris, fit commencer le portail méridional. Cinquante ans après, vers 1312, Philippe le Bel employa à la construction du portail septentrional une partie du produit de la confiscation des biens des Templiers, dont il venait de supprimer l'ordre. Les bas côtés de l'église ne furent construits qu'à la fin du treizième siècle; quant aux chapelles qui entourent le chœur, elles datent pour la plupart du quatorzième.

La porte *Rouge*, ainsi appelée de la couleur dont originairement elle était, et dont encore aujourd'hui elle est peinte, d'une construction fort élégante et située du côté du cloître, fut bâtie, suivant le docteur Grancolas, par Jean sans Peur, duc de Bourgogne, entre 1414 et 1419. Elle est surmontée d'un pignon à jour accompagné de deux obélisques délicieusement travaillés. Du rapprochement de ces différentes époques de la construction de Notre-Dame résulte, à n'en pouvoir douter, que cette basilique, revêtue de ses ornements, a été l'ouvrage de plus de deux cents ans de persévérance et de soins. Il restait même encore, paraît-il, quelques parties de l'édifice à terminer sous le règne agité de Charles VII, car ce prince, en 1447, donna, *pour le bâtiment de l'église,* le revenu de la régale durant la vacance du siège épiscopal de Denys du Moulin.

C'est sur le parvis[1] de Notre-Dame que, le 11 mars 1314, les cardinaux

---

1. Mot sans doute dérivé du latin *paradisus*, paradis, parce qu'il désignait jadis l'*aire* ou place qui

RÉHABILITATION DE JEANNE D'ARC A NOTRE-DAME.

Étienne et Bérenger, commissaires députés par le pape Clément V pour instruire le procès des chevaliers du Temple, firent dresser un échafaud. « Jacques de Molay, grand maître de l'ordre ; Guy, commandeur de Normandie, frère du dauphin d'Auvergne ; Hugues de Péralde, grand visiteur de France, et un quatrième chevalier dont on ignore le nom, y montèrent pour entendre lire la sentence qui commuait leur peine en une prison perpétuelle. Mais un des commissaires, pour ne laisser aucun doute aux spectateurs sur la légitimité de la condamnation, ayant sommé le grand maître de renouveler publiquement la confession qu'il avait faite à Poitiers, cet infortuné vieillard, chargé de chaînes, s'avance alors sur le bord de l'échafaud, prend Dieu à témoin des calomnies imputées à son ordre, proteste de son innocence, se rétracte publiquement de tout ce qu'il a dit, à la sollicitation du pape et du roi, pour suspendre les horribles tortures qu'on lui faisait souffrir, et se résigne à endurer tous les tourments qu'on lui apprête pour expier l'offense faite à ses frères, à la vérité et à la religion. Guy, commandeur de Normandie, se rétracte également, et le légat, déconcerté de cette double rétractation faite avec fermeté, fait reconduire en prison le grand maître et le commandeur. Le soir même, ils furent tous deux brûlés vifs à la pointe de l'île de la Cité, où est aujourd'hui la statue de Henri IV. Leur fermeté ne se démentit pas ; et pendant ce supplice cruel, ils invoquaient Jésus-Christ, en le priant de soutenir leur courage[1]. »

Le peuple, consterné et fondant en larmes, se jeta sur leurs cendres et les emporta comme de précieuses reliques.

L'évêque de Paris avait dans le parvis une échelle patibulaire, marque distinctive de la haute justice qu'il exerçait dans le ressort de sa juridiction. Le chapitre en avait une aussi, mais elle était placée au port Saint-Landry et fut détruite en 1410. Celle de l'évêque ne fut supprimée qu'au commencement du dix-septième siècle. Elle était surmontée d'un plateau carré, sur lequel le patient était agenouillé. Il portait sur le dos un écriteau désignant son délit[2]. A ces échelles patibulaires on substitua, en 1767, un carcan fixé à un poteau triangulaire aux armes du chapitre, et placé vis-à-vis l'un des contreforts de la tour septentrionale ; c'était de ce poteau, détruit en 1790, que partaient les distances itinéraires des routes de France par mille toises.

était devant les basiliques. On considérait ces places comme le symbole du *paradis terrestre*, par lequel il faut passer pour arriver au paradis céleste, figuré par l'église. De *paradisus* on a fait *paravisus* et *parvisus*, par contraction, d'où *parvis*.
1. A.-P.-M. Gilbert, *Description historique de la basilique métropolitaine de Paris*.
2. Dubreul, *Antiquités de Paris*.

C'était aussi au parvis Notre-Dame, devant la porte principale de l'églis
qu'autrefois les criminels, avant d'être conduits au supplice, venaient fai
amende honorable. Là, à genoux, ils faisaient l'aveu public du crime pou
lequel ils étaient condamnés. La trop célèbre marquise de Brinvillier
en 1676, et la Voisin en 1680, y subirent cette peine infamante. Quatr
vingts ans plus tard, Robert-François Damiens, après avoir attenté à la v
de Louis XV, en 1757, fut, par arrêt du Parlement, condamné à subir
même peine, avant d'être écartelé sur la place de Grève. Ce n'est qu'en 17
que fut supprimée la peine de l'amende honorable.

Mais revenant à Notre-Dame, avant de décrire plus en détail ce monumer
imposant et majestueux, constatons avec Victor Hugo[1] que, dans son er
semble, l'église chrétienne est partout la même. « Quelle que soit, dit-i
l'enveloppe sculptée et brodée d'une cathédrale, on retrouve toujours dessou
au moins à l'état de germe et de rudiment, la basilique romaine. Elle .
développe éternellement sur le sol selon la même loi. Ce sont imperturba
blement deux nefs qui s'entrecoupent en croix, et dont l'extrémité sup
rieure, arrondie en abside, forme le chœur ; ce sont toujours des bas côt
pour les processions intérieures, pour les chapelles, sortes de promenoi
latéraux où la nef principale se dégorge par les entre-colonnements. Ce
posé, le nombre des chapelles, des portails, des clochers, des aiguilles,
modifie à l'infini, suivant la fantaisie du siècle, du peuple, de l'art. Le servi
du culte une fois pourvu et assuré, l'architecture fait ce que bon lui semble
statues, vitraux, rosaces, arabesques, dentelures, chapiteaux, bas-reliefs.
De là, la prodigieuse variété extérieure de ces édifices, au fond desque
résident tant d'ordre et d'unité. Le tronc de l'arbre est immuable, la végéta
tion est capricieuse. »

La façade principale de l'église métropolitaine de Paris, l'une des plu
belles pages architecturales de France, se distingue par son élévation et s
caractère imposant ; sa largeur totale est de quarante-quatre mètres enviror
Elle se divise en trois parties ou étages bien distincts : le portail et ses tro
grandes portes surmontées d'une galerie à jour, la grande Rose, d'une con
truction très savante, au centre de la façade, et au-dessus une belle galeri
à droite et à gauche de laquelle s'élèvent deux tours carrées. La hauteur c
ces tours est de soixante-huit mètres ; leur largeur en carré est, pour cel
du nord, de seize mètres ; pour celle du midi, de quatorze. Ces deux tou

---

1. *Notre-Dame de Paris.*

abritaient autrefois une sonnerie assez considérable et fort estimée pour son harmonie. Dans la tour septentrionale il y avait huit cloches, qui portaient les noms de leurs donateurs ou de ceux qui les avaient nommées.

Dans la tour méridionale on voyait deux cloches de grande proportion, vulgairement appelées *bourdons*. Fort heureusement, la plus grosse a échappé au creuset révolutionnaire dans lequel ont été englouties et mises en fusion, en 1792, sa compagne et les cloches de la tour septentrionale, pour être métamorphosées en canons et converties en sous.

Le gros bourdon de Notre-Dame pèse seize cents kilogrammes, et le battant seul quatre cent quatre-vingt-huit. Il mesure deux mètres soixante de diamètre et autant en hauteur. La cérémonie de sa bénédiction eut lieu le 29 avril 1682. Ce fut François de Harlay, archevêque de Paris, qui le bénit. A ce bourdon, primitivement appelé *Emmanuel,* Louis XIV, son parrain, et Marie-Thérèse d'Autriche, sa marraine, lui donnèrent le nom d'*Emmanuel-Louise-Thérèse.* Sur le mouton sont ces deux vers léonins, qui expliquent les divers usages auxquels sont consacrées les cloches :

> Laudo Deum verum, plebem voco, congrego clerum,
> Defunctos ploro, pestem fugo, festa decoro[1].

Les trois portes ogivales, partagées chacune en deux parties par un trumeau et surmontées de tympans sculptés, s'ouvrent sous des voussures profondes, toutes peuplées de figures. Il a été déjà parlé plus haut de la galerie dite des *Rois,* qui se compose de vingt-huit arceaux trilobés.

Au point d'intersection des quatre branches de la croix s'élevait autrefois une flèche ou clocher, couvert en plomb, d'une construction élégante et hardie ; mais son inclinaison vers le sud-est faisant craindre sa chute prochaine, l'autorité municipale, en 1793, en ordonna la destruction. Sa hauteur, depuis la plate-forme jusqu'à la tête du coq, était de vingt-six mètres ; elle s'élevait donc à soixante mètres au-dessus du sol de l'église. Cette flèche était surmontée d'une grande croix en fer, entée dans une boule de cuivre dorée, contenant une petite boîte en plomb ; celle-ci renfermait quelques parcelles de reliques inconnues. Dans cette flèche étaient six cloches, dont quatre, très estimées pour leur harmonie, servaient, conjointement avec les grosses cloches des deux tours, à annoncer l'office divin. Cette flèche a été relevée dans ces derniers temps par M. Viollet le Duc, non plus comme

---

1. « Je chante les louanges du vrai Dieu ; j'appelle les fidèles, je rassemble le clergé, je pleure les morts, je mets en fuite la peste, j'embellis les fêtes. »

clocher, mais comme complément et ornement de la restauration de cette belle basilique. C'est l'emblème de la prière qui monte au ciel; c'est l'aigrette du monument sacré.

La nouvelle flèche de Notre-Dame repose entièrement sur les quatre piliers du transept; sa hauteur sous comble est de quatorze mètres. Du sommet du faîtage au-dessus du coq qui domine le monument, on compte quarante-quatre mètres cinquante centimètres. Elle est entièrement construite en bois de chêne de Champagne, dont quelques brins n'ont pas moins de quinze mètres de longueur. Toutes les parties de ces bois, qui pouvaient être altérées par l'humidité avant le revêtement de plomb, ont été peintes en minium, qui préserve aussi bien le bois de la pourriture que le fer de l'oxydation. Les quatre contre-fiches basses des noues sont décorées d'ajours des quatre symboles des évangélistes et des apôtres, d'une hauteur de trois mètres. Ces figures sont faites en cuivre repoussé, autant pour offrir une plus grande résistance que pour éviter un poids trop considérable.

Il y a deux plates-formes; on monte à la seconde par un escalier intérieur. La grande pyramide est décorée de crochets qui n'ont pas moins de cinquante centimètres de saillie, bien qu'à la hauteur où ils sont placés ils paraissent fort menus. La pyramide se termine par une couronne surmontée d'une colonnette portant la croix en fer et le coq. La croix, avec son armature, n'a pas moins de huit mètres de hauteur. Toute cette charpente est entièrement revêtue de plomb; les ornements sont de même en plomb, repoussés au marteau. A chaque plate-forme, seize gargouilles rejettent les eaux en dehors. Mgr Morlot, archevêque de Paris, a béni la croix qui couronne la flèche. Au sommet de la croix, dans le ventre du coq, en cuivre repoussé et doré et servant de girouette, a été placée, comme dans l'ancienne flèche, une boîte de plomb contenant des reliques, ainsi qu'un procès-verbal sur parchemin relatant la cérémonie de la bénédiction.

Les façades latérales et l'abside se composent de trois étages distincts en retrait l'un sur l'autre. Le troisième étage est soutenu par des arcs-boutants d'une rare élégance et d'une hardiesse remarquable. Chacune des façades du transept est formée de trois pignons aigus, surmontés d'une galerie à jour, décorée de vitraux; un pignon triangulaire, couronné par une statue et flanqué de deux clochetons à jour, termine la façade. On admire dans cette partie du monument deux grandes roses de douze mètres quatre-vingt-dix centimètres de diamètre, et, en particulier, celle du sud, dont les magnifiques vitraux présentent, en quatre cercles, les douze apôtres et une armée de saints ersonnages de divers ordres. La rose de la façade principale (rose du grand ortail) a dix mètres environ de diamètre; c'est en 1731 que la vitrerie en a té restaurée. Parmi les sujets contenus dans les médaillons, on distingue encore, malgré les dégradations que cette rose a éprouvées, la majeure partie des signes du zodiaque, associés aux travaux agricoles des douze mois de l'année, et plusieurs figures allégoriques.

Les différentes voûtes de cet édifice sont contre-boutées à l'extérieur par soixante arcs-boutants de diverses hauteurs, lesquels opposent résistance aux efforts de la poussée. La charpente du grand comble, vulgairement appelée *la forêt*, à cause de la grande quantité de bois qu'elle renferme, est construite en châtaignier. Cette vaste charpente soutient toute la couverture en plomb et porte de toutes parts les gros murs de l'édifice.

La longueur extérieure de l'église est de cent trente-huit mètres, et dans œuvre, de cent trente; la largeur, dans sa plus grande étendue, est de cinquante mètres. La longueur de la nef[1], depuis la porte d'entrée jusqu'à la grille du chœur, est de soixante-quinze mètres, la largeur de treize; la longueur du chœur, depuis la grille jusqu'au mur du fond, est de trente-huit mètres, et la largeur d'un pilier à l'autre est de douze mètres. Les vers suivants donnent les principales mesures de Notre-Dame, d'après le système ancien :

> Si tu veux savoir comment est ample
> De Notre-Dame le grand temple,
> Il a dans œuvre, pour le seur,
> Dix et sept toises de hauteur;
> Sur la largeur, de vingt et quatre,
> Et soixante-cinq sans rabattre
> A de long. Aux tours, haultes montées,
> Trente-quatre sont bien comptées.
> Le tout, fondé sur pilotis,
> Aussi vray que je te le dis.

Ce temple n'est cependant pas bâti sur pilotis, comme longtemps on a pu le croire d'après sa proximité de la Seine. Une fouille de huit à neuf mètres de profondeur, exécutée en 1774, immédiatement derrière le rond-point, sur une grande longueur, et trente-cinq centimètres au-dessous des fondements, a mis à découvert un cours de trois assises régulières d'une égale et grande hauteur, en pierres des carrières de Conflans, près Paris.

Cet édifice imposant, élevé avec tant de soin, de hardiesse et de persévé-

---

1. *Navis*, vaisseau, partie de l'église qui s'étend de la porte principale à la croisée.

rance, est solidement resté sur sa base, malgré les éléments et les intempéries des saisons. Mais si les siècles ont passé sur ce temple sans le détruire, ce n'a pas été sans l'altérer. La Révolution l'a plus endommagé encore ; aussi a-t-il nécessité d'importants travaux de restauration, qu'ont exécutés avec intelligence et habileté MM. Lassus et Viollet-le-Duc.

L'évêque, Maurice de Sully, fit construire, vers l'an 1161, sur une ligne parallèle à Notre-Dame, le palais épiscopal, qui devint l'archevêché, et une double chapelle, avec une haute tour pour contenir les cloches. Les différents étages voûtés de cette tour furent ensuite convertis en prisons ecclésiastiques; mais, en 1793, cette tour fut démolie. Plusieurs des évêques et archevêques qui se sont succédé sur le siège épiscopal de Paris, se sont plu à embellir et agrandir ce palais jusqu'à Mgr de Quélen, sous l'épiscopat duquel le saccagea et le détruisit l'émeute de 1831.

De l'extérieur de Notre-Dame passons maintenant à l'intérieur, qui n'offre pas moins d'intérêt. En effet, chacun, en entrant dans ce temple, à l'aspect de ces voûtes antiques, est frappé d'admiration et se sent ému en se rappelant la multitude de faits mémorables qui ont eu lieu dans son enceinte. Dans cette majestueuse basilique, bâtie, comme il a été dit plus haut, en forme de croix latine, on pénètre par six portes, chacune à deux ventaux. Cent vingt grosses colonnes ou piliers soutiennent ce temple ; dans ce nombre soixante-quinze sont isolées, et les autres engagées dans les murs. La nef et le chœur sont accompagnés de doubles bas côtés formant de larges péristyles. On compte, tant dans les bas côtés que dans les galeries hautes, deux cent quatre-vingt-dix-sept colonnes. Les grosses colonnes ou piliers qui séparent la nef des bas côtés ont chacune un mètre trente-cinq centimètres environ de diamètre. Les deux gros piliers des tours portent chacun trois mètres cinquante d'épaisseur. Les chapiteaux des colonnes et des piliers sont tous différents les uns des autres; l'ornement, qui entre assez généralement dans leur composition, consiste dans la feuille de chêne ou d'acanthe, la feuille d'eau, la feuille de chou ; le chardon y est souvent employé.

Cette basilique présente l'aspect imposant de deux parties d'église élevées l'une sur l'autre : ce sont les galeries régnantes autour de l'église au-dessus des nefs latérales; chaque travée est décorée de deux colonnes supportant des ogives qui servent d'amortissement. Les travées du chœur, d'un style moins délicat, n'ont qu'une colonne sur le devant; les deux travées, faisant face à la croisée du côté du cloître, n'ont point de colonnes. Des balustrades en fer protègent le public contre les accidents. C'est aux balcons de ces tri-

bunes que l'on exposait autrefois, pendant la guerre, les drapeaux ou étendards pris sur les ennemis de la France ; on les retirait en temps de paix. En 1693, le maréchal de Luxembourg vint à Notre-Dame pour assister au *Te Deum* chanté à l'occasion de la victoire de la Marsaille, remportée par Catinat sur Victor-Amédée, duc de Savoie. L'église était alors, d'un bout à l'autre, tendue des drapeaux que ce maréchal avait pris sur les ennemis à Fleurus, à Steinkerque et tout récemment à Nerwinde. Le prince de Conti, toujours fertile en bons mots, tenait ce héros par la main, et dit en écartant la foule qui embarrassait la porte : *Place, Messieurs, laissez passer le tapissier de Notre-Dame.*

Les voûtes de la nef et du chœur sont construites avec beaucoup de hardiesse ; mais, comme la grande voûte centrale de la croisée menaçait ruine, pour en prévenir la chute, le cardinal de Noailles, alors archevêque de Paris, la fit démolir et reconstruire à neuf en 1728. Les nefs collatérales se prolongent autour du chœur, et trente-sept chapelles font également le tour de l'édifice. On remarquait aussi plusieurs statues, dont la principale était celle de saint Christophe[1] ; cette statue colossale de neuf mètres environ, faite par Antoine des Essarts (1413), fut abattue par le chapitre en 1786.

Originairement, paraît-il, la plupart des croisées étaient garnies de vitres peintes (anciens vitraux) représentant les anciens évêques de Paris et plusieurs sujets de l'histoire sainte. Actuellement, cent treize vitraux, dont trente-neuf grands au-dessus des galeries, éclairent la basilique de Notre-Dame. Déjà, vers la fin du douzième siècle, on y voyait un orgue ; c'est ce que prouve un statut de 1198 dans lequel Eudes de Sully, soixante-quatorzième évêque de Paris, fait mention d'*orgues* pour la célébration de l'office divin. En 1784, le chapitre de cette église fit considérablement augmenter et très habilement réparer cet orgue par le célèbre Clicquot, facteur d'orgues du roi. Par des réparations assez considérables, M. Dallery, autre facteur d'orgues de la chapelle du roi, a fait de cet instrument, en 1812 et 1813, l'un des plus beaux de l'Europe.

Le chœur, fermé d'une petite grille fort élégante, est décoré de magnifiques boiseries (cinquante-deux stalles hautes et vingt-six stalles basses), plus d'une série de bas-reliefs dessinés par Charpentier, élève de Girardon. Ces boiseries se terminent des deux côtés par une chaire archiépiscopale en cul-de-lampe, décorée d'un bas-relief et surmontée d'un baldaquin avec des groupes d'anges.

[1]. Ce saint personnage, dont tout le monde connaît la légende, était représenté portant sur ses épaules Jésus enfant, et traversant un fleuve un bâton à la main.

D'autres anges en bronze, modelés par Chavannes, la *Piéta* (vœu de Louis XIII), de Coustou aîné, et les statues de Louis XIII et de Louis XIV, complètent la décoration du sanctuaire, dont le pavé, exécuté en mosaïque, était du plus bel effet. Mais, le 24 mai 1871, les insurgés de la Commune ayant mis le feu dans l'église, plusieurs objets en souffrirent et particulièrement cette belle mosaïque[1]. Elle fut tellement rongée par le feu, que désormais ce chef-d'œuvre de l'art est irréparable. Tout le reste du pavé du chœur est incrusté de grands compartiments en marbre de diverses couleurs, formant plusieurs encadrements aux carreaux en marbre gris et blanc, disposés en échiquier.

Dans les chapelles qui entourent le chœur, on voit les monuments élevés à la mémoire de plusieurs archevêques de Paris : de Jean-Baptiste de Belloy, cardinal, mort en 1808 ; de Leclercq de Juigné, mort en 1811 ; d'Hyacinthe de Quélen, mort en 1839 ; de Denis-Auguste Affre, mort frappé d'une balle sur les barricades de la Bastille, lors de la terrible insurrection de juin 1848, en adressant aux insurgés des paroles de concorde et de paix ; d'Auguste Sibour, assassiné dans Saint-Étienne-du-Mont le 3 janvier 1857, à la procession d'ouverture de la neuvaine de sainte Geneviève ; du cardinal Morlot, de Mgr Darboy, arrêté le 4 avril dans le palais de l'archevêché, envahi par les insurgés de la Commune. Conduit à la Conciergerie, puis à Mazas, il y resta jusqu'au 24 mai, jour où, avec d'autres otages, il fut impitoyablement fusillé. On y voit aussi le tombeau de Claude d'Harcourt ; et enfin, dans le croisillon septentrional, une inscription recouvre le cœur du cardinal de Talleyrand-Périgord, mort en 1822.

Au bas de la statue de saint Christophe dont nous venons de parler, était un autel où, tous les ans, le jour de sa fête, on célébrait la messe. Au-dessus de l'autel on voyait un bas-relief servant de contre-retable et représentant un trait d'histoire assez singulier. Le voici en quelques mots :

Un vieillard avait laissé en mourant un héritage et quatorze enfants pour se le partager. Mais ses yeux à peine étaient fermés, qu'entre eux s'éleva une vive contestation pour sa succession, que chacun, prétendant être le seul fils légitime, voulait à ce titre avoir en entier. Ils avaient longtemps discuté la question sans avoir pu la résoudre, lorsque tout à coup : « Que ne faisons-nous, dit l'un d'eux, du corps de notre père une cible ? Celui de nous qui, visant au cœur, en approchera le plus, aura tout l'héritage. » Tous d'abord, sans répugnance, approuvent cette idée et attachent à un arbre le corps de leur

---

[1]. Heureusement ce commencement d'incendie fut étouffé par les élèves de la pharmacie de l'Hôtel-Dieu, qui en avaient été avertis par la fumée.

père, puis, à la file, lancent une flèche sur le cadavre. Mais l'un d'eux, que cette action révolte, quand arrive son tour, jette au loin son arc et ses flèches et déclare préférer au crime de percer le cœur de son père, quoique mort, n'avoir rien de sa succession. A ce cri d'indignation, on le reconnut pour seul fils légitime du défunt, et on lui adjugea tout l'héritage.

C'est en 1786 que ce curieux bas-relief a été détruit.

Avant le dernier pilier de la nef, à droite, on voyait aussi, posé sur deux colonnes d'ordre toscan peintes en porphyre, Philippe le Bel, la visière baissée, tel qu'il était équipé à Mons-en-Puelle sur son palefroi bardé de fer, en mémoire de la victoire remportée par ce prince sur les Flamands le 18 août 1304. Elle fut détruite en 1792.

La chaire, d'un style lourd, n'a de remarquable que l'escalier pratiqué à l'intérieur. Le pavé de la nef et des bas côtés est composé de grands carreaux en marbre de Bourbonnais gris et blanc, de deux pieds carrés chacun. Celui des bas côtés du chœur est en pierre de liais et en marbre noir de Dinant. Dans les compartiments en marbre qui séparent la nef des bas côtés, sont trois trappes en chêne, qui ferment les diverses entrées de la grande cave pratiquée sous la nef. Avant 1793 ces trois trappes étaient revêtues de plaques en cuivre chargées d'ornements funéraires, et sur chacune se lisait cette inscription latine :

Seminatur in ignobilitate, surget in gloria[1]. (St Paul.)

La cave était autrefois destinée à la sépulture des chanoines, des bénéficiers, des chapelains, des chantres et des enfants de chœur de cette église.

Les grands tableaux qui décorent les deux faces latérales du chœur méritent d'arrêter les regards. En voici l'explication, en commençant par la droite, en haut :

1° *L'Annonciation de la Vierge,* peinte par Hallé (1747);
2° *La Visitation de la Vierge,* par Jouvenet (1716);
3° *La Naissance de la Vierge,* par Philippe de Champagne;
4° *L'Adoration des Mages,* par de la Fosse (1715);
5° *La Présentation de Jésus-Christ au Temple,* par Louis Boulogne (1715);
6° *La Fuite de la sainte Vierge en Égypte,* par le même (1715);
7° *La Présentation de la Vierge au Temple,* par Philippe de Champagne;
8° *L'Assomption de la Vierge,* par Laurent de la Hyre.

Le maître-autel, élevé sur trois marches demi-circulaires en marbre de

---

[1]. « Engendré dans l'abjection, il ressuscitera dans la gloire. »

Languedoc, est en marbre blanc et décoré sur le devant de trois bas-reliefs. Le tabernacle consiste en un gros socle carré, décoré de pilastres et enrichi d'une fermeture circulaire en bronze doré, représentant l'agneau pascal; les angles sont ornés de petites têtes de chérubins.

La baie de l'arcade, au fond du sanctuaire, disposée en niche, est occupée par un magnifique groupe de marbre de Carrare, composé de quatre figures, dont les principales ont deux mètres de proportion. La Vierge, assise au milieu, soutient sur ses genoux la tête et une partie du corps du Sauveur descendu de la croix; le reste du corps est étendu sur un suaire; elle a les bras élevés et les yeux fixés vers le ciel. La douleur d'une mère et sa parfaite soumission à la volonté de Dieu sont exprimées de la manière la plus vraie et la plus sublime. Un ange soutient la main du Christ, pendant qu'un autre tient la couronne d'épines et regarde les impressions meurtrières qu'elle a faites sur la tête du Sauveur, d'une grande beauté par son expression et la dignité du caractère. Derrière ce groupe paraît une croix surmontée de l'inscription; un grand linceul, drapé simplement, tombe du haut de cette croix et vient se perdre derrière les figures. Tel est l'ensemble de ce groupe admirable, terminé en 1723 par Nicolas Coustou, sculpteur du roi. Sur la clôture du chœur, en dehors, au-dessus d'une suite de petites arcades gothiques, sont représentées en relief, d'une manière assez naïve, les mystères de la vie de Jésus-Christ. A gauche (porte Rouge) sont : 1° *la Visitation;* 2° *la Vocation des bergers à la crèche;* 3° *la Naissance de Notre-Seigneur;* 4° *l'Adoration des Mages;* 5° *Hérode et le Massacre des Innocents;* 6° *la Fuite en Égypte;* 7° *la Présentation au Temple;* 8° *Jésus-Christ enfant au milieu des docteurs;* 9° *le Baptême de Notre-Seigneur;* 10° *les Noces de Cana;* 11° *l'Entrée de Jésus-Christ à Jérusalem, sur une ânesse suivie de son ânon;* 12° *la Cène et le Lavement des pieds;* 13° *Jésus-Christ dans le jardin des Olives.*

De l'autre côté du chœur, sont les diverses apparitions de Jésus-Christ après sa résurrection : 1° *Jésus-Christ et la Madeleine;* 2° *les Saintes Femmes;* 3° *Apparition de Jésus-Christ aux apôtres;* 4° *les Deux Disciples d'Emmaüs marchant avec Jésus-Christ;* 5° *Jésus-Christ à table avec les deux disciples d'Emmaüs qui le reconnurent à la fraction du pain;* 6° *Jésus-Christ apparaît à ses apôtres;* 7° *l'Incrédulité et la conversion de saint Thomas;* 8° *la Pêche miraculeuse;* 9° *la Mission des apôtres;* 10° *Jésus-Christ, à table avec ses apôtres, leur donne sa bénédiction avant de monter au ciel.*

Tels sont les divers sujets de la vie de Jésus-Christ représentés sur la clôture du chœur; or ces sujets ont ceci de particulier qu'ils reproduisent le mystère de la passion de Notre-Seigneur tel qu'il fut représenté devant le Palais, en 1420, en présence des rois de France et d'Angleterre, par les Confrères de la Passion[1]. C'est, en effet, dans les églises que furent représentés d'abord les mystères, et la plus singulière des fêtes qui aient eu nos églises pour scènes est, sans contredit, celle des *Fous*, mélange bizarre d'impiété et de religion. Il est difficile de fixer au juste l'époque à laquelle commença la

CHEVET DE NOTRE-DAME.

fête des Fous; tout ce que l'on sait, c'est que, dans le dixième siècle, Théophylacte, patriarche de Constantinople, introduisit cette burlesque cérémonie dans son église, et que toutes les nations de l'Europe en furent bientôt infectées.

Cette fête reçut des modifications dans les divers pays où on la célébrait, et des noms différents, à cause de quelques cérémonies bizarres qui y furent ajoutées. Ainsi, dans l'église de Paris, la fête des *sous-diacres* ou des *diacres-saouls*, par allusion à l'état d'ivresse auquel ils se livraient, s'appelait aussi *fête des Fous;* à Rouen, *fête de l'Ane;* à Dijon, *fête de la Mère folle*, etc.

[1]. De Beauchamps, *Recherches sur les théâtres de France*, tome Ier.

Dans quelques églises, qui relevaient immédiatement du saint-siège, on élisait un *pape des fous*, auquel on donnait également d'une manière dérisoire les ornements de la papauté, afin qu'il pût agir et officier solennellement comme le saint-père[1].

Une autre cérémonie bien plus scandaleuse eut lieu à Notre-Dame le 10 novembre 1793 (20 brumaire an II). La Convention nationale, qui avait reçu, le 8 novembre, de l'archevêque de Paris, Gobel, et de ses douze vicaires la déclaration qu'ils renonçaient à exercer les fonctions du culte catholique, en décréta, sans discussion, l'abolition et son remplacement par le culte de la *Raison;* par le même décret, elle changea le nom de l'église Notre-Dame en celui de *temple de la Raison*. On avait donc élevé dans la nef de cet édifice une montagne factice, dont le sommet était couronné par un temple d'une architecture simple portant pour inscription au-dessus de la porte d'entrée : A *la Philosophie*. Sur le penchant de la montagne s'élevait un autel orné de guirlandes de chêne et supportant le flambeau de la Vérité. Deux rangées de jeunes filles vêtues de blanc, couronnées de chêne et tenant à la main un flambeau, descendaient de la montagne. Peu après la Raison, représentée par une jeune et belle femme vêtue d'une draperie blanche, recouverte à moitié par un manteau bleu céleste, les cheveux épars et coiffée d'un bonnet phrygien, sortit du temple de la Philosophie et vint s'asseoir sur un banc de gazon, où elle reçut les hommages et les serments des mortels. Le soir, la Convention en masse se rendit au temple pour y chanter avec le peuple l'hymne de la Raison.

Ce que l'on vient de lire est de notoriété générale; mais ce que l'on sait moins, c'est qu'à cette époque on mit Notre-Dame en vente, comme *bâtiment dont les matériaux pouvaient faire ressource,* et qu'il se trouva un acquéreur. Le marquis de Saint-Simon (alors le citoyen Simon) l'acheta deux cent quarante mille francs. Mais cette somme, il fallait la payer immédiatement et en numéraire, et ce monument admirable ne doit peut-être sa conservation qu'à l'impossibilité dans laquelle fut l'acheteur de pouvoir la réunir.

Revenant à la description de l'intérieur de Notre-Dame, ajoutons que les chapelles du pourtour et de la croisée étaient autrefois décorées de lambris en marbre et en menuiserie, enrichis de dorures. Les divers panneaux, qui offraient de très belles peintures de différents maîtres distingués : du Poussin, de Lesueur, de Le Brun, de Jouvenet, etc., ont été dépouillés en 1793; mais

---

[1]. Victor Hugo, dans *Notre-Dame de Paris,* en donne la description.

heureusement la plupart de ces anciens tableaux, qu'on a pu recouvrer, ont

FONTAINE NOTRE-DAME.

été restitués en 1802, et replacés dans les différentes chapelles au lieu qui leur convient.

Dans la même année fut rendue à sa destination primitive la sacristie, également dépouillée pendant la Révolution de ses richesses intéressantes et nombreuses. On y remarque principalement la sainte couronne d'épines rapportée par Louis IX; l'*escourgette* ou discipline du saint roi; un morceau de la vraie croix; les clous avec lesquels Notre-Seigneur y fut attaché, et la croix d'or de l'empereur Manuel Comnène. Depuis, la sacristie a été successivement enrichie de vases sacrés, de reliquaires, d'ornements et d'objets précieux sous le double rapport de l'antiquité et du travail, qui forment aujourd'hui ce qu'on appelle le *trésor*.

Ce trésor courut un grand danger pendant le règne momentané de la Commune à Paris. Le 2 mai 1871, les fédérés, ayant brisé les scellés qu'y avait apposés un membre du Comité central, lors d'un premier envahissement de l'église, le 7 avril, enlevèrent les ornements et les vases sacrés du trésor. Heureusement, ces précieux objets, retrouvés au garde-meuble, ont été, après la tourmente, restitués à Notre-Dame.

Aujourd'hui, cet édifice, non pas *gothique*, comme longtemps on l'a cru, mais de la transition du *roman au gothique* [1], dégagé de toutes les constructions qui en masquaient autrefois les divers aspects, produit aux regards un effet des plus satisfaisants. Il offre dans son ensemble et dans ses détails un caractère mâle et une élégance de structure qui contrastent merveilleusement, et dont l'aspect est vraiment imposant. Quoique construit à plusieurs époques éloignées les unes des autres, il est encore, parmi ceux du moyen âge, celui qui présente la symétrie la plus régulière dans sa distribution. La disposition générale du plan est grande et noble, les proportions en sont heureuses, et la solidité de toutes les parties qui le composent, prouve l'habileté des architectes qui en ont dirigé la construction.

Chose étonnante, la dédicace de l'église actuelle, toujours retardée, on ne sait pour quelles raisons, n'eut définitivement jamais lieu, d'où résulte que, n'ayant jamais été dédiée, on en célèbre néanmoins la fête le deuxième dimanche après la Toussaint, jour choisi pour célébrer l'anniversaire de la dédicace de toutes les églises de France.

Il ne nous reste plus, pour compléter cette notice, que quelques mots à dire sur le *chapitre de l'église de Paris*, le *cloître de Notre-Dame* et la *maîtrise*.

Vers l'an 1163, sous le pape Alexandre III, les chanoines, libres possesseurs des revenus qui leur étaient affectés, se trouvèrent en état d'acquérir

---

1. Victor Hugo, *Notre-Dame de Paris*.

tout le spacieux terrain qui environnait l'église du côté du nord, et s'y firent construire de belles maisons, qui étaient comme autant de fiefs. Dans chaque maison canoniale était une chapelle domestique, dans laquelle on faisait quelquefois les obsèques des chanoines et célébrait leur anniversaire. Des vestiges de ces chapelles, qui se voyaient encore avant la Révolution dans plusieurs maisons du cloître, en sont des preuves certaines. Dans l'une d'elles, située près de la Seine, derrière le chevet de l'église métropolitaine, saint Dominique institua son ordre.

Le chapitre de Notre-Dame a donné à l'Église six papes, savoir : Grégoire IX, Adrien V, Boniface VIII, Innocent VI, Grégoire XI et Clément VII. Ajoutons que depuis saint Denys, premier évêque de Paris, jusqu'à Jean-François de Gondy (1622), le premier qui fut revêtu de la dignité d'archevêque, on compte cent dix évêques, dont six vénérés comme saints; dix ont été cardinaux, et plusieurs chanceliers de France. Louis VII et plusieurs princes de la famille royale puisèrent dans la savante école du cloître l'esprit de la religion et des sciences.

L'origine des maîtrises, berceau de la musique moderne, remonte à une époque fort ancienne, à la fin du sixième siècle. Le pape saint Grégoire le Grand, auteur du chant qui porte son nom, eut l'idée de former de jeunes enfants[1] au chant des psaumes. A ceux des premières écoles fondées alors dans l'Église de Paris, ainsi que dans toutes celles de France, l'évêque faisait enseigner par les clercs de son église, non seulement à chanter, mais encore à lire et à écrire ; ensuite on leur montrait les éléments de la langue latine. Cette institution, qui, par la suite, dans plusieurs églises, prit le nom de *maîtrise*, et celui de *psallette* dans quelques autres, fut successivement améliorée à Paris. Elle fixa particulièrement l'attention de Jean Gerson, chancelier de cette ville ; et, vers 1408, il composa un plan d'éducation en faveur des enfants de chœur de la basilique métropolitaine. Cette école musicale a toujours été distinguée de toutes les autres par l'excellente méthode qu'on y a enseignée et par le choix des maîtres qui l'ont dirigée. Le temps y est partagé entre l'étude de la musique et celle des langues latine et française. La maîtrise de Notre-Dame a donné plusieurs sujets recommandables par leurs talents, et de cet établissement sont sortis de jeunes virtuoses, dont les productions ont également fait honneur à la musique et à la religion qui les a inspirées.

---

1. Fortunat les appelle *juvenes, pueri, infantes*.

En 1622, le roi Louis XIII obtint du pape Grégoire XV que Paris, longtemps suffragant de Sens, fût enfin érigé en archevêché. Depuis ce moment jusqu'à nos jours on compte dix-huit archevêques, dont sept cardinaux, qui sont : Jean-François-Paul de Gondy, cardinal de Retz ; Louis-Antoine de Noailles, Jean-Baptiste de Belloy, Alexandre-Angélique de Talleyrand-Périgord, François-Nicolas-Madeleine Morlot, Hippolyte Guibert et Joseph Richard, qui occupe actuellement le siège archiépiscopal de la capitale de la France.

ÉGLISE SAINT-SÉVERIN

A PARIS

Parmi les nombreuses églises dont Paris s'honore, Saint-Séverin est incontestablement l'une des plus anciennes et des plus curieuses, mais plusieurs opinions sont émises sur son origine. Selon les uns, les empereurs chrétiens auraient fait construire autrefois dans le palais des Thermes un petit oratoire consacré à saint Clément ; mais au sixième siècle, sous le règne de Childebert, fut enterré dans cette chapelle un pieux solitaire du nom de Séverin. Il y opéra de nombreux miracles, et dès lors telle fut sa réputation de sainteté, que cette même chapelle, où reposait son corps, fut placée sous son invocation. Plusieurs saints personnages, paraît-il, portaient à cette époque le nom de Séverin ; mais celui dont il s'agit était, sans aucun doute, celui qui eut saint Cloud pour disciple.

Est-ce sur l'emplacement même de cette antique chapelle ou près de la porte méridionale de Paris, ville où notre saint solitaire naquit et mourut vers 555, que, sur sa réputation de sainteté et sous son invocation, fut élevé un nouvel oratoire ? Ne donna-t-on pas plutôt son nom à une chapelle que lui-même aurait fondée ? La question est encore indécise, malgré les recherches qu'ont faites pour la résoudre, Corrozet, Piganiol de la Force et tous ceux qui s'en sont occupés. Seul, l'abbé Lebeuf fait de la chapelle de Saint-Séverin, mais sans en fournir la preuve, un oratoire dépendant de la basilique de Saint-Julien-le-Pauvre.

Quoi qu'il en soit, cette chapelle consacrée à Saint-Séverin est l'origine probable de l'église que nous admirons aujourd'hui, et dont l'histoire se lie essentiellement à celle de Paris. Dans une de leurs incursions les Normands l'incendièrent; on entreprit, en 1050, de la reconstruire; mais elle ne fut achevée que quatre cents ans plus tard. Agrandie à plusieurs reprises, cette église desservait, dès le douzième siècle, une immense paroisse qui comprenait presque toute la région méridionale de Paris. Dans son état actuel, Saint-Séverin ne présente aucun fragment antérieur à la fin du douzième siècle ; c'est, dans son ensemble, un édifice gothique très délicat et admirablement proportionné. Plusieurs parties en ont été reconstruites en 1347 et en 1489 ; Saint-Séverin appartient donc aux quatorzième et quinzième siècles ; certains détails ne datent même que du seizième siècle. Cette église, sans transept, a la forme d'un parallélogramme terminé par une abside demi-circulaire. A gauche s'élève une tour carrée des treizième et quatorzième siècles, percée de deux larges baies ogivales ; ce ne fut que deux siècles plus tard que ces baies reçurent pour couronnement un toit aigu et un lanternon. Au pied de la tour, du côté du nord, s'ouvre un petit porche voûté, à gauche duquel l'angle du mur porte, dans une niche élégante, une statue de Saint-Séverin. Ce porche a, jusqu'à nos jours, servi d'entrée principale à l'église. Autrefois, de chaque côté du portail étaient scellés dans la muraille deux lions de pierre en demi-relief, symboles de la force et de la puissance de la foi. On croit qu'ils soutenaient le siège du juge ecclésiastique, ce qui explique cette formule des sentences de Saint-Séverin : *Datum inter duos leones.*

Ce n'était pas seulement le juge ecclésiastique qui rendait ses sentences sous le porche principal de cette église ; les grands dignitaires de Paris y venaient aussi rendre la justice. Comme autrefois saint Louis au pied du chêne de Vincennes, plusieurs fois Charles VIII lui-même tint son lit de justice sous le porche de cette petite église. « Ce roi, dit Philippe de Comines, avait une audience publique où il écoutait tout le monde, surtout *les pauvres.* »

La façade occidentale n'offrait pour entrée qu'une simple baie ogivale sans aucun ornement, lorsque, en 1837, on eut l'heureuse idée de la décorer du joli portail de Saint-Pierre aux Bœufs, qui date du treizième siècle, et qu'on transporta pierre à pierre. Ce portail est sans doute d'un très bon effet, mais pourtant on voit facilement qu'il n'a pas été fait pour l'église qu'il décore aujourd'hui. Les parties supérieures de la façade, galeries à jour, grande rose flamboyante et balustrades, appartiennent au seizième siècle ; une statue moderne de la Vierge se dresse au sommet du pignon. Les chapelles qui entourent l'église sont surmontées de frontons ; des contreforts ornés de clochetons soutiennent les voûtes ; les eaux des toitures sont rejetées par des gargouilles façonnées en animaux fantastiques.

L'intérieur de Saint-Séverin est remarquable par la belle ordonnance de l'abside, éclairée par un double rang de croisées que décorent de magnifiques

CLOÎTRE SAINT-SÉVERIN.

vitraux. Les chapiteaux, les nervures des voûtes, à leur point de jonction et d'arrêt, sont surchargés de culs-de-lampe et de sculptures de toute espèce. Les colonnes de la galerie inférieure du chœur se distinguent par le fini et la légèreté de leur exécution. En 1684, le chœur reçut une décoration moderne dont Mlle de Montpensier fit les frais. L'ancien maître-autel fit place à une composition dans le goût du temps ; il est surmonté d'un baldaquin dont la coupole est supportée par huit colonnes de marbre et d'ordre composite ; mais le tout est disparate avec le reste de l'édifice.

La nef est flanquée de doubles bas côtés, faisant le tour du chœur, et de chapelles latérales. Dans les premières travées de la nef, qui datent du treizième siècle, les piliers, lourds et trapus, ne sont pas en rapport avec l'élévation de la maîtresse voûte, ornée de clefs et de pendentifs élégamment sculptés ; mais les travées de l'abside ont été défigurées au dix-septième siècle. Les parois des chapelles latérales de Saint-Séverin ont été décorées de peintures murales, achevées seulement depuis quelques années. Les plus remarquables sont dues à Hippolyte et à Paul Flandrin, à Jérôme, à Hesse, à Leloir, etc. En général, ces peintures représentent des épisodes de la légende des saints auxquels elles sont consacrées. Un beau groupe de Notre-Dame des Sept-Douleurs orne la chapelle du même nom.

Dans Saint-Séverin, au sud-est, presque indépendante de l'église, est la chapelle de Notre-Dame d'Espérance, siège d'une confrérie très ancienne ; on y remarque les statues de la Vierge et de l'Enfant-Jésus. Des vitraux, les uns de la fin du quinzième siècle, les autres du seizième, mais restaurés maladroitement, il y a quelques années, ornent les fenêtres de la nef. On remarque surtout un arbre de Jessé, qui développe ses rameaux dans les compartiments de la rose occidentale. Le double rang de vitrages, l'un sur l'autre, est d'un effet original et gracieux ; les vitrages supérieurs du chœur sont très beaux et passent pour les plus anciens de Paris ; on y remarque des armoiries de famille.

Pendant le moyen âge on voyait auprès de Saint-Séverin une de ces cellules auxquelles on donnait le nom de réclusoir, et dans lesquelles s'enfermaient des pénitentes qui se condamnaient aux plus dures austérités. Du côté du midi se trouvait un charnier, dont quelques arcades subsistent encore, et l'ancien cimetière paroissial, attenant à l'église, a été transformé en jardin pour le curé. On assure que c'est dans ce cimetière que fut tentée pour la première fois, par le frère Côme, sous Louis XI, l'opération de la pierre. Mais les chroniques de Louis XI donnent de la première opération de taille qui se fit en France, toujours d'ailleurs dans le cimetière de Saint-Séverin, une autre version :

« Au mois de janvier 1474, les médecins et chirurgiens de Paris représentèrent au roi que plusieurs personnes étaient travaillées de la pierre colique, passion et mal de côté ; qu'on ne pourrait mieux s'éclaicir qu'en opérant sur un homme vivant, et qu'ainsi ils demandaient qu'on leur livrât un franc-archer qui venait d'être condamné à être pendu pour vol, et qui avait été fort souvent molesté desdits maux. » La permission fut accordée, et le pauvre patient *travaillé* eut rémission de ses crimes *sans dépens*.

On pouvait lire encore, à la fin du dix-huitième siècle, sur la porte de ce même cimetière le facétieux quatrain suivant, attribué à Petit-Louis de Lyon, ami de Corneille :

> Passant, penses-tu donc passer par ce passage
> Où, passant, j'ai passé ?
> Si tu n'y penses pas, passant, tu n'es pas sage,
> Car, en n'y pensant pas, tu te verras passé.

Avant la Révolution, ce cimetière renfermait le tombeau d'un certain Ennon de Linda, seigneur étranger, mort à Paris, où il était venu faire ses études à l'Université, et, un peu plus loin, le tombeau d'un homme qui, dit-on, fut enterré vivant. On y voyait aussi un tableau placé en ce lieu pour attiser le feu de la Ligue. Il représentait les exécutions barbares exercées par Élisabeth, reine d'Angleterre, sur les catholiques. Il avait été exécuté d'après les ordres de Prévôt, l'un des coryphées intraitables de la Ligue et curé de Saint-Séverin.

Dans cette église furent aussi enterrés quelques personnages remarquables, entre autres : Étienne Pasquier, auteur de savantes recherches sur notre histoire nationale ; André Duchesne, auteur de nombreux ouvrages précieux pour notre histoire ; les frères Scévole de Sainte-Marthe, conseillers et historiographes du roi, auteurs de l'*Histoire généalogique de France*, etc. ; ils entreprirent aussi le grand recueil du *Gallia christiana* ; et le savant docteur en Sorbonne Ellies Dupin, auteur de plusieurs ouvrages importants, et qui consacra la plus grande partie de sa vie à rédiger la *Bibliothèque universelle des auteurs ecclésiastiques*.

On distribuait autrefois tous les ans à Saint-Séverin, objet d'une vénération toute particulière, un prix de vertu aux cinq filles les plus méritantes de la paroisse ; les femmes récemment accouchées venaient y faire leurs relevailles ;

et, avant d'entreprendre un voyage, marchands, bourgeois et chevaliers venaient se recommander à saint Martin, protecteur des voyageurs et l'un des patrons les plus vénérés de cette église. C'est encore à Saint-Séverin que prit naissance l'usage poétique de donner, le jour de la Pentecôte, la volée à une nuée d'oiseaux de différentes espèces. En même temps, pour exprimer la joie de ces habitants des airs rendus à la liberté, les enfants de chœur entonnaient en musique de gracieux couplets où ces divers oiseaux prenaient la parole; l'aigle, par exemple, disait :

> De tous les oyseaux, sui le roy.
> Voler je puis en si haut lieu,
> Que le soleil de près je voy :
> Heureux sont ceux qui verront Dieu!

Et le rossignol répondait :

> Quand ce vient le beau temps de may,
> Je suis joly et amoureux;
> Je n'ay soucy ni aymoy;
> Qui craint Dieu est bien heureux [1].

Les cérémonies de Saint-Séverin étaient peut-être les plus brillantes et les plus courues de la capitale : aux processions des Rogations, longtemps s'est conservé un usage singulier : c'était, musique en tête et bannières déployées, de promener en grande pompe la figure d'un gigantesque dragon d'osier; dans sa gueule énorme et toute grande ouverte les fidèles jetaient des gâteaux, des fruits, des bonbons et même des pièces de monnaie. Il y a tout lieu de croire que ce dragon figurait celui dont saint Marcel, évêque de Paris, délivra cette ville. Quoi qu'il en soit, cette coutume était une bonne aubaine pour les pauvres du quartier, car, le soir même, après vêpres, ces diverses offrandes leur étaient distribuées.

En 1737 eut lieu dans Saint-Séverin, entre un marchand et une vieille femme, une bataille comique et scandaleuse qui tourna à l'avantage de cette paroisse, assez pauvre. C'était le jour de Pâques; l'autel, garni de fleurs et richement illuminé, attirait les regards. Le marchand, grand et solide gaillard aux larges épaules, placé devant la petite bonne vieille, lui cachait complètement la vue de l'autel. En vain elle prie le marchand de se mettre un peu de côté pour la laisser voir : le gros marchand fait la sourde oreille et ne bouge pas plus qu'une statue; alors, furieuse, la petite vieille, d'un coup de sa que-

---

[1]. Fulbert de Monteilh, *Musée des familles*, vol. XXXI (1864).

nouille, lui crève un œil; le marchand, exaspéré, se précipite sur la vieille, et, au grand scandale des fidèles, s'engage entre les deux adversaires une lutte acharnée. Instruit de l'affaire, Jacques le Chastelier, évêque de Paris, mit

INTÉRIEUR DE SAINT-SÉVERIN.

pendant vingt-deux jours l'église en interdit; les cérémomies religieuses furent suspendues et les portes de l'édifice fermées; ni mort ni vivant ne put y entrer. Les paroissiens furent obligés d'aller prier à l'église Saint-Josse, et l'évêque exigea en outre une forte somme pour réconcilier le sanctuaire où s'était produit le scandale. Cette grosse amende ne fut pas pour Saint-Séverin un argent superflu, car cette église en avait fort peu.

Une autre circonstance aussi contribua à augmenter ses ressources : Mlle de Montpensier, n'étant pas en bonne intelligence avec ces messieurs de Saint-Sulpice, choisit Saint-Séverin pour sa paroisse, ce qui valut à cette église une grande affluence de monde et d'argent. A Saint-Séverin vint aussi prêcher le célèbre Foulques, surnommé le saint Bernard de son siècle. Son éloquence persuasive lui attira des auditeurs de toutes conditions et opéra la conversion de trente pécheresses, qui prirent le voile et fondèrent un hospice dans la rue Saint-Antoine.

Saint-Séverin, riche en souvenirs, ne l'est pas moins en reliques ; nous n'entreprendrons pas de les énumérer, car, s'il faut en croire un vieux dicton :

On trouve à Saint-Séverin
Des reliques de chaque saint;

nous dirons que la plus précieuse est un morceau de la vraie croix, renfermé au milieu d'une croix de cristal d'un travail merveilleux. Pour terminer, résumons : origine mystérieuse, vitraux antiques, porche mémorable, reliques précieuses et souvenirs historiques, cette petite église a tout pour elle, moins son entourage, qui tend d'ailleurs de jour en jour à s'améliorer.

ÉGLISE SAINT-ÉTIENNE DU MONT

A PARIS

En voyant aujourd'hui sur le sommet de la montagne Sainte-Geneviève l'église Saint-Étienne du Mont, qui pourrait croire qu'au temps des Romains, cette montagne était couverte de vignes et de vergers, que traversaient plusieurs voies publiques et un aqueduc conduisant les eaux d'Arcueil et de Rungis ?

Cette montagne se nommait alors *Mons Locutitius*. Ce mot, comme on le voit, ressemble beaucoup aux noms *Locutitia* et *Lutetia* que portait alors la ville des *Parisii*, peuplade gauloise. Nos rois de la première race ayant fait, comme on sait, du palais des Thermes, à Paris, leur résidence habituelle, sur ladite montagne se multiplièrent aussitôt les habitations et, par suite, les monuments religieux[1].

Les rois carolingiens, au contraire, ne séjournèrent à Paris que passagèrement ; aussi n'y signale-t-on, sous leur règne, aucune fondation. Il n'en fut pas de même des rois de la troisième race, qui fixèrent leur résidence dans cette ville, et sous lesquels s'accrut rapidement le nombre des habitants et des constructions.

L'église que, pour accomplir un vœu fait à la prière de Clotilde, Clovis avait construite en haut de la montagne du palais des Thermes, fut d'abord dédiée aux apôtres saint Pierre et saint Paul ; mais elle reçut le nom de Sainte-Geneviève après que la vierge de Nanterre y eût été inhumée. Parmi les églises qui successivement furent construites sur la montagne Sainte-Geneviève, l'une d'elles, Saint-Étienne du Mont, fondée sous le règne de Philippe-Auguste devint plus importante que les autres. Dire pourquoi cette église fut placée

---

[1]. *Notice historique sur la paroisse Saint-Étienne du Mont*, par M. l'abbé Faudet et M. L. de Mas-Latrie.

sous le vocable de Saint-Étienne n'est pas chose facile : peut-être fut-ce parce que l'évêque de Paris, lors de la démolition de l'ancienne basilique de Saint-Étienne, dans l'île de la Cité, alors église métropolitaine de Paris, lui donna quelques fragments des reliques du premier martyr chrétien.

L'église de Saint-Étienne, d'abord simple chapelle paroissiale, appartenant aux religieux de Sainte-Geneviève et construite près de l'église de l'Abbaye, communiquait intérieurement avec elle par une porte, mais sans avoir d'issue à l'extérieur ; aussi ne fut-elle longtemps qu'une chapelle dépendante de Sainte-Geneviève ; mais ce sanctuaire en fut enfin dégagé et érigé en paroisse. Avec le temps, les besoins de la population, toujours croissante, exigèrent un vaisseau plus grand, et, pour remplacer Saint-Étienne du Mont, on commença sous François Ier, en 1517, l'église qui existe aujourd'hui ; les constructions n'en furent terminées qu'un siècle plus tard. Philippe Lebel de Luzarches[1], abbé de Sainte-Geneviève, curé titulaire de Saint-Étienne, fit bâtir le chœur, en 1537, et, l'année suivante, toute l'aile de la nef, du côté de l'église Sainte-Geneviève, avec ses chapelles, était terminée. L'ouvrage était même tellement avancé dès l'an 1541, que l'évêque de Mégare vint y faire, comme délégué de l'évêque de Paris, la bénédiction des autels. Les travaux furent continués sous les règnes de Henri II et de Charles IX.

En 1600 on commença le *jubé*[2] en pierre, style renaissance, et les années suivantes on construisit la chapelle de la communion et les charniers[3]. De 1610 à 1618, on entreprit le grand et le petit portail, les perrons et les escaliers. La chapelle actuelle de la Sainte-Vierge n'a été bâtie que dans le siècle suivant. La reine Marguerite, première femme de Henri IV, a posé elle-même la première pierre du portail, le 2 août 1610, et donné trois mille francs pour son érection. Quelques parties de l'édifice restaient cependant à terminer ; mais deux ans après, le dimanche de la Sexagésime (15 février 1626), François de Gondi, premier archevêque de Paris, fit la dédicace solennelle de l'église définitivement achevée. Cependant il voulut qu'on n'en célébrât l'anniversaire que le premier dimanche de juillet. C'est vers ce temps-là que les fonts baptismaux, qui se trouvaient encore à Sainte-Geneviève, furent transportés à Saint-Étienne. Une inscription placée au fond de l'église, à gauche, relate tous ces faits ; et, au-dessous de celle-ci, une autre inscription rappelle

---

1. Dans l'Ile-de-France.
2. De la formule latine : *Jube, Domne, benedicere*, que prononce le diacre avant de lire l'évangile en demandant au prêtre sa bénédiction.
3. Ossuaires, quelquefois ornés de sculptures ; on y entassait les ossements.

un événement qui, survenu pendant la dédicace, fut alors considéré comme miraculeux.

Le monde affluait dans la nef, dans les galeries, partout; tout à coup, pendant les cérémonies, des galeries du chœur tombent deux jeunes filles avec l'appui et deux balustres. Non seulement elles ne se font aucun mal, mais parmi les nombreux assistants personne n'est même atteint.

En 1565, déjà Pierre de Gondi, évêque de Paris avait fait une visite à Saint-Étienne du Mont. Quelques années avant cette visite, s'il faut en croire plusieurs auteurs modernes, se serait passé dans cette église un événement des plus regrettables. Poussé par un fanatisme irréligieux, un jeune homme se serait précipité, dit-on, sur un prêtre pendant qu'il célébrait la messe, et aurait arraché de ses mains l'hostie sainte. Le malheureux fut condamné à mort; et, en expiation de son sacrilège, on fit une procession générale à laquelle assistèrent le roi et tous les seigneurs de sa cour, portant chacun un cierge de cire blanche à la main. Félibien, le savant historien de Paris, si exact et si précis en général, ne mentionne pas cet événement, mais il rappelle un fait semblable qui, au mois d'août 1503, affligea la sainte Chapelle du Palais; n'y aurait-il pas eu confusion?

Fermée à la Révolution comme les autres églises, celle de Saint-Étienne du Mont fut rendue au culte après le Concordat de 1802, et confiée aux soins de M. Amable de Voisins. Avant 1789, les curés de cette paroisse ont toujours été des Génovéfains, et Barthélemy, chapelain de Sainte-Geneviève, vers l'an 1180, sous Maurice de Sully, évêque de Paris, est le plus ancien dont on ait conservé le nom. Celui que l'on connaît après lui, Maurice, vivait en 1202. On ignore le nom des curés qui ont administré cette église jusqu'au seizième siècle, où l'on trouve pour curé de Saint-Étienne du Mont en 1506 frère Étienne Contesse, religieux de Sainte-Geneviève. Philippe Lebel, élu abbé de ladite abbaye en 1534, et son successeur, fit bâtir en 1537 le chœur de l'église, comme le rappelaient ses armes sculptées autrefois aux clefs de voûte. Philippe Lebel était encore curé en 1551, quand Eustache du Bellay, évêque de Paris, visita Saint-Étienne du Mont. C'est sous Joseph Foulon, son successeur, et qui devint comme lui abbé de Sainte-Geneviève, qu'en 1565 eut également lieu la visite de Pierre de Gondi à cette église, comme on vient de le lire à l'instant. Peut-être eut-il pour successeur frère Bernard Bourguignon, chanoine de Sainte-Geneviève. Lorsque François de Gondi, premier archevêque de Paris, fit la dédicace de Saint-Étienne du Mont, Martin Citolle, religieux génovéfain, en était le curé (1628). Viennent ensuite les curés : Paul Bourrier (1661), qui bénit la chapelle de la Sainte-Vierge, construite par la fabrique ; Ménétrier, Gardeau (1687), Dantecourt, Blondel, Bouettin, Ancel et Pelvern, curé en 1789.

Amable de Voisins, nommé, comme on vient de le voir, curé de Saint-Étienne lors du rétablissement du culte, répara les ruines de cette église, réédifia le maître-autel, si justement admiré, transporta dans son église le tombeau et le culte de sainte Geneviève, et mourut, le 14 février 1809, évêque nommé de Saint-Flour[1]. Après lui ont administré successivement Saint-Étienne du Mont MM. Leclerc-Dubradin, Charles-Jules Bizet, Bernard-Philibert Bruyarre (1821), ancien curé de Saint-Nicolas du Chardonnet, promu cinq ans plus tard à l'évêché de Grenoble ; Marie-Georges-François Charpentier, Nicolas-Théodore Olivier (1828), qui de la cure de Saint-Étienne passa à celle de Saint-Roch et devint évêque d'Évreux, etc.

Les parties apparentes de l'antique chapelle de Saint-Jean du Mont[2], conservées lors de la construction de l'église, au seizième siècle, sont situées à l'ouest. Le chœur de l'église fut bâti en 1537 ; les nefs furent terminées peu après, et le jubé, dont il a été parlé déjà, fut construit en 1600. Le grand portail, restauré sous la direction de M. Baltard, et le petit portail furent élevés de 1610 à 1617. Le grand est orné de quatre colonnes d'ordre composite, soutenant un fronton triangulaire, avec bas-relief représentant la lapidation de saint Étienne, exécuté par Thomas.

Au-dessus, une rose à compartiments s'inscrit sous un fronton demi-circulaire, avec bas-relief de la *Résurrection,* par Debay. Il est surmonté d'un pignon aigu, percé aussi d'une rose terminant la façade ; ce portail est décoré de plusieurs statues modernes. Au nord du portail, le clocher, tour élégante flanquée d'une tourelle à l'ouest, se termine par une lanterne. Il remonte au quinzième siècle et fut exhaussé vers 1625. La lanterne renferme la grosse cloche de l'horloge et une bonne sonnerie ; mais on ne peut la sonner en branle, à cause de la faiblesse de la tour et de la charpenterie.

L'intérieur de Saint-Étienne du Mont comprend une nef, avec bas côtés et chapelles latérales. La nef et les bas côtés sont remarquables par la hardiesse des voûtes ogivales. L'architecte a remplacé les piliers massifs qui supportent les voûtes dans le style gothique, par des colonnes qui paraîtraient grêles si elles n'étaient enveloppées vers le milieu par la belle galerie qui règne autour

1. Son cœur a été déposé derrière le maître-autel, vis-à-vis la chapelle de la Sainte-Vierge.
2. Lieu consacré aux réunions des fidèles qu'évangélisait un simple chapelain ; il leur administrait les sacrements.

de l'édifice. Du sommet des colonnes naissent en faisceaux les arêtes de la voûte. Au milieu du transept, ces arêtes forment une clef pendante ou fleuron de trois mètres de saillie, citée comme un des travaux remarquables de ce genre par la hardiesse de la pose et l'exécution de ses sculptures. L'alignement de la nef n'est pas le même que celui du chœur, ce qui fait paraître l'église un peu *tortue* ; mais, dans cette disposition particulière de l'ensemble de l'église, et sans trop croire d'ailleurs au symbolisme du moyen âge, ne faut-il pas voir plutôt le souvenir mystique de l'inclinaison de la tête de Jésus-Christ sur la croix, qu'un effet de l'imprévoyance, du hasard ou de l'inhabileté ? Cette disposition se retrouve d'ailleurs dans d'autres églises telles que, par exemple, Notre-Dame et Saint-Germain des Prés.

Mais ce qui attire surtout l'attention dans cette église, c'est son magnifique jubé. Le défaut de la voûte, trop surbaissée, qui soutient la galerie, est largement racheté par la hardiesse étonnante des deux escaliers qui, de chaque côté, s'enroulant avec grâce autour d'un fort pilier, ne paraissent soutenus que par la faible colonne extérieure, d'un pied de diamètre. Les ornements des rampes de ces escaliers et toute la façade de la galerie sont aussi d'un beau travail. Autrefois, un crucifix, attribué à Jean Goujon, décorait le jubé, et sur le mur du chœur on voyait trois bas-reliefs de Germain Pilon.

Le plus remarquable était vis-à-vis la chapelle de la Sainte-Vierge et représentait Jésus-Christ au jardin des Oliviers, pendant que ses apôtres se reposent endormis. Les deux autres bas-reliefs étaient consacrés à saint Pierre et à saint Paul. On avait aussi orné le pourtour du chœur des figures des douze apôtres, et sculpté un christ porté au tombeau par Nicodème et Joseph, suivi des trois Marie. Ce groupe était placé sous la voûte qui communiquait de Saint-Étienne à Sainte-Geneviève, aujourd'hui devenue la chapelle du Tombeau. On ne sait ce que ce groupe est devenu ; celui qu'on voit aujourd'hui dans la chapelle provient de l'église Saint-Benoît.

Dans la chapelle de Sainte-Geneviève (style gothique flamboyant), où se trouve son tombeau, sont appendus de nombreux *ex-voto*. A côté, sur la porte de la petite sacristie, on voit le christ placé autrefois à l'entrée du cimetière de la paroisse. Aux deux côtés sont les épitaphes de Racine et de Pascal. On s'accorde à regarder les orgues de Saint-Étienne (dix-septième siècle) comme des plus belles et des meilleures de Paris. La chaire, en bois sculpté, est un véritable chef-d'œuvre. *Ce Samson la porte bien*, dit Sauval[1] ;

---

1. Historien né à Paris (1620), dont on a l'ouvrage intitulé : *Histoire et recherches sur les antiquités de Paris.*

en effet, quoique fortement adhérente à l'une des colonnes de la nef, elle semble reposer sur les épaules de Samson, qui, de ses mains, paraît la soutenir en équilibre. Le pourtour est orné des statues symboliques de différentes vertus, séparées par d'excellents bas-reliefs sculptés sur les panneaux. Peut-être peut-on trouver que le dais, surmonté d'un ange environné de différents génies, est trop chargé d'ornements; mais c'est le seul reproche que la critique puisse faire à ce beau travail. L'autel, entièrement formé de marbres choisis et d'une grande richesse, fut consacré le 27 mars 1806. Au-dessus de l'autel et de la Gloire qui le surmonte est une grande châsse peu ancienne, qui renferme diverses reliques.

Avant la Révolution, toutes les fenêtres de l'église Saint-Étienne étaient garnies de très beaux vitraux, ainsi que les charniers attenant à l'église et contournant le petit cimetière; quelques-uns de ces vitraux étaient même d'un mérite supérieur. Les débris de ces vitraux ont été placés en 1834 dans les chapelles des bas côtés; les fragments les plus considérables se trouvent dans celle de Sainte-Geneviève. L'un de ces vitraux représente le sacrilège qui fut commis en 1290 ou 1291, et amena la fondation du couvent, nommé depuis des Carmes des Billettes. En voici l'histoire, d'après un chroniqueur religieux :

« Une femme, se trouvant dans la gêne, avait emprunté à un juif nommé Jonathas quelque argent, et lui avait laissé en gage quelques-uns de ses vêtements. Lorsque arriva la semaine sainte, la femme pria le juif de lui rendre ses vêtements, pour qu'elle pût les mettre le jour de Pâques, l'assurant qu'elle les lui rapporterait le lendemain. Jonathas promit de les lui donner sans argent, si elle lui apportait une hostie consacrée, et la femme eut la faiblesse d'y consentir. *Quant*, dit la légende, *le Juif l'eût par devers soy, si mit la dite hostie en pleine chaudière de yaue* (eau) *chaude le jour du vendredi aouré* (le vendredi saint), *et quant la dite hostie fut en l'yaue bouillante, il la commença à poindre de son coustel, et lors devint l'yaue ainsi comme toute vermeille.* L'hostie cependant demeura intacte; mais loin de se rendre à l'évidence de ce miracle, Jonathas n'en devint que plus acharné après l'hostie, qu'il retira de l'eau et frappa de verges, comme les Juifs avaient autrefois frappé Jésus-Christ; la perça d'un clou et la jeta dans les flammes; mais l'hostie voltigea intacte au-dessus du foyer. Jonathas, continuant ses sacrilèges expériences, prit un couteau et fit d'inutiles efforts pour la mettre en pièces en présence même de Bécatine, sa femme, de son fils et de sa fille. Enfin, pour n'oublier aucun des tourments qu'on avait fait endurer au Christ, il attacha l'hostie et la perça d'un coup de lance, qui fit encore couler le sang ;

ÉGLISE SAINT-ÉTIENNE DU MONT
Vue du côté de la rue de la Montagne-Sainte-Geneviève.

puis enfin il la rejeta dans la chaudière d'eau bouillante. Sur ces entrefaites son fils sortit, alors que les cloches appelaient les fidèles à la grand'messe ; en route, il rencontra plusieurs enfants de sa connaissance et leur dit que c'était bien inutilement qu'ils allaient à l'église, parce que son père avait tellement mutilé leur Dieu qu'il l'avait fait mourir. Ce propos fut entendu d'une femme qui passait. Voulant s'assurer du fait, elle prit une jatte de bois et entra dans la maison du juif, puis s'approcha de l'âtre, comme pour y prendre du feu, et l'hostie, qui voltigeait au-dessus de la chaudière, vint se reposer dans le petit vase que la femme tenait à la main. Celle-ci, ainsi mise en possession de la sainte hostie, la porta au curé de Saint-Jean en Grève, sa paroisse. Jonathas fut arrêté, jeté en prison et brûlé sur un bûcher; Philippe le Bel ordonna la confiscation de ses biens et donna une partie de sa maison à Reinier Flaming, qui y fit bâtir, en 1294, la chapelle des Miracles. Bécatine, qui avait été touchée des prodiges dont elle avait été témoin, et qui avait reproché à son mari sa conduite, fut baptisée avec ses deux enfants. Sa fille fut accueillie dans le couvent des Filles-Dieu de Paris.

Quelques vitraux du chœur sont attribués à Philippe de Champagne ; dans le collatéral de droite, la *Lapidation de saint Étienne* est due au pinceau d'Étienne Coypel ; des peintures des seizième et dix-septième siècles ornent la chapelle de Saint-Joseph, et des peintures modernes, en particulier d'Abel de Pujol et de Largillière, ornent les autres chapelles. Un groupe en terre cuite (seizième siècle), représentant le Christ au tombeau, est dans une des chapelles de gauche.

Les réparations faites à Saint-Étienne du Mont, tant à l'intérieur qu'à l'extérieur, ont été considérables : à l'intérieur elles consistent en un regrattage du haut en bas et dans une ornementation sévère, sans prodigalité de peintures et d'or. Par suite, quelques beautés auparavant inaperçues ont été mises en vue, notamment les guipures du jubé. Les réparations de l'extérieur ont été accomplies avec goût et talent. Un charnier, bâti en forme de cloître, avec pilastres doriques, arcades cintrées et voûtes en berceau, embrasse l'église au nord ; la chapelle des Catéchismes a été construite dans le même style, en 1856.

La paroisse que nous venons de décrire avait autrefois deux cimetières : l'un, le plus grand, situé devant l'église, sur la place du Carré-Sainte-Geneviève ; l'autre, plus petit, était derrière la chapelle de la Vierge. Ces cimetières, le charnier et l'église renfermaient les tombes de plusieurs personnages célèbres à différents titres : de Racine, de Pascal, d'Eustache Lesueur, qui mérita, comme on sait, d'être appelé le Raphaël français ; des frères Perrault, de Rollin, de Lemaistre de Sacy, auteur d'une célèbre traduction de la Bible ; d'Antoine Lemaistre, son frère, avocat distingué ; de Blaise Vigenère, secrétaire de la chambre du roi Henri III ; de Nicolas Thognet, chirurgien fameux de son temps ; de Simon Pietre, médecin non moins renommé ; de Nicolas Lefebvre, sous-précepteur des petits-fils de Louis XIV ; du célèbre botaniste Tournefort et de Pierre Petit, littérateur et philosophe, tombé dans l'oubli, quoiqu'il ait obtenu l'honneur d'être admis au nombre des poètes latins ; Rapin, Commire, de La Rue, jésuites ; Ménage, Duperrier, Santeuil, chanoine de Saint-Victor, dont les noms, avec le sien, formaient la pléiade de Paris.

Saint-Étienne du Mont n'est pas, sans doute, un monument comparable aux chefs-d'œuvre de l'art ogival, et ne peut entrer en parallèle avec Notre-Dame. Toutefois, cette église sera toujours appréciée et étudiée avec un intérêt particulier, comme un des plus curieux édifices où le style de la Renaissance se trouve heureusement mélangé avec l'architecture ogivale et l'architecture gothique.

LA SAINTE CHAPELLE

A PARIS

Nous avons décrit Saint-Séverin, l'une des églises les plus curieuses de Paris, si riche en édifices religieux et en beaux monuments, et Saint-Étienne du Mont.

Parlons maintenant de la sainte Chapelle, véritable merveille architecturale et la plus célèbre des fondations religieuses dues à **Louis IX**, que la France compte à juste titre au nombre de ses plus grands rois, et qui mérita par sa haute piété l'honneur d'être appelé *saint Louis*. La sainte Chapelle est un de ces monuments qui ajoutent à la splendeur des villes et caractérisent une époque. Mais avant d'entrer dans plus de détails sur ce bel édifice, disons à quelle occasion il fut construit.

Depuis plusieurs années l'empire latin de Constantinople était menacé par les Grecs, lorsque, vers 1238, Louis IX apprit que l'empereur Baudouin II, ayant besoin d'argent, s'était vu forcé d'engager aux Vénitiens, pour une somme importante, la sainte couronne d'épines que les Juifs avaient ironiquement enfoncée sur la tête du Christ. Le pieux monarque saisit avec empressement cette occasion d'acquérir la précieuse relique et de secourir Baudouin de troupes et d'argent. Il dégagea donc des mains des Vénitiens ce trésor sacré, que les Frères Prêcheurs furent chargés de lui apporter. Louis IX, suivi de toute sa cour et du clergé, alla au-devant d'eux jusqu'à cinq lieues au delà de Sens. A la vue de cette couronne qui avait touché la tête sacrée de Notre-Seigneur Jésus-Christ, il se mit à genoux et fondit en larmes; puis, à l'entrée de Sens il prit la châsse où elle était renfermée et la porta avec un de ses frères, marchant pieds nus, au milieu d'un peuple innombrable, jusqu'à l'église Saint-Étienne, cathédrale de la ville.

Deux ans après (1240), Baudouin II, de nouveau pressé d'argent, fit offrir à saint Louis pour une forte somme d'autres reliques non moins précieuses :

une portion considérable de la vraie croix, apportée sans doute autrefois par l'impératrice Hélène à Constantinople; le fer de lance qui ouvrit le côté de Jésus crucifié; un morceau de l'éponge qu'on lui présenta imbibée de vinaigre, lorsque, sur la croix, il s'écria : *J'ai soif;* l'un des clous qui avaient percé ses pieds sacrés; le roseau dont on lui fit un sceptre dérisoire; le manteau de pourpre dont on couvrit ses épaules; quelques gouttes coagulées de son sang précieux; une partie du suaire dans lequel il fut enseveli, et aussi les chefs de saint Blaise, de saint Clément et de saint Simon.

Le pieux roi, désireux d'ajouter ces saintes reliques, qu'il avait en profonde vénération, à la sainte couronne d'épines, s'empressa d'en faire l'acquisition, et, dès qu'il les eut en sa possession, les porta, le vendredi saint, en grande pompe, de Vincennes à Paris[1].

Arrivé au faubourg Saint-Antoine, près de l'église de ce nom, saint Louis monta sur un échafaud qu'on y avait construit. A ses côtés se placèrent sa mère, sa femme, ses frères et les principaux seigneurs et barons. Alors il éleva la croix vers le ciel, et à cette exclamation poussée par les évêques : « Voilà la croix du Seigneur! » on se mit en adoration. Ensuite le roi, qu'un jeûne de trois jours avait purifié, porta la croix jusqu'à Notre-Dame. Il était nu-pieds, vêtu de laine, sans ceinture, la tête découverte. Plusieurs hommes de la noblesse lui soutenaient les bras pour qu'il ne tombât pas de fatigue. Sa mère, sa femme, ses frères, le suivaient à pied, portant la sainte couronne d'épines. Les cloches sonnaient, les prêtres chantaient des psaumes; le cortège s'en alla ainsi processionnellement au palais de la cité, et les saintes reliques furent déposées à Saint-Nicolas.

Or, à cette époque, dans l'enceinte du palais de la cité, bâti sous les Romains, puis agrandi ou restauré à diverses époques, et enfin à peu près entièrement reconstruit sous le roi Robert, existaient primitivement trois églises : celle que nous venons de nommer, et qui aurait été fondée par Louis le Gros, Saint-Barthélemy et Saint-Michel.

Mais bientôt, comme Saint-Nicolas, d'une construction fort simple, ne paraissait pas au pieux monarque un édifice digne d'aussi précieuses richesses, il en fit bâtir un autre en leur honneur, dans son palais, par Pierre de Montereau ou Pierre de Montreuil[2], le meilleur architecte du temps, à qui l'on

---

1. Est-ce à Sens, est-ce à Vincennes que Louis IX reçut ces saintes reliques? Les historiens ne sont pas d'accord sur ce point. Selon M. Arthur Rhoné, c'est dans l'enceinte de la chapelle Saint-Germain en Laye, qu'en 1238, Baudouin II, empereur de Constantinople, céda solennellement à saint Louis les reliques pour lesquelles on éleva la sainte Chapelle.

2. Violet-le-Duc, *Dictionnaire d'architecture.*

LA SAINTE CHAPELLE

devait aussi la chapelle de Vincennes, le réfectoire de Saint-Martin, la salle capitulaire et la chapelle de Notre-Dame, à Saint-Germain des Prés.

Cet édifice religieux, considéré comme la merveille de l'art gothique au quatorzième siècle, est le seul monument du grand architecte Pierre de Montereau qui soit resté à peu près intact. Il employa à le construire trois ans environ (1342-1345), et dépensa quarante mille livres tournois (790,000 francs), et même, au dire du chanoine Jérôme Morand, plus de huit cent mille francs. Les reliques et les châsses avaient coûté cent mille livres tournois ou un million neuf cent soixante-quinze mille francs environ; donc, somme totale pour châsses et chapelle, deux millions six cent soixante-quinze mille francs, somme considérable pour le temps.

Ce vaisseau merveilleux, que la piété des peuples a surnommé la *sainte Chapelle*, se compose de deux chapelles superposées et d'une sacristie qui se trouvait accolée à la façade du nord; dans l'étage supérieur de cette sacristie était le Trésor des chartes. La chapelle haute n'avait de communication avec le palais que par une large galerie; elle servait uniquement de chapelle royale. La chapelle basse était consacrée aux domestiques du palais. En 1783, les constructions faites en remplacement des bâtiments détruits par l'incendie de 1776, occasionnèrent la démolition de cette sacristie, où se trouvait réuni tout ce que saint Louis avait fait copier de livres pieux.

Le trésor de la sainte Chapelle contenait, renfermées dans des châsses ornées d'argent, d'or et de pierreries, les saintes reliques. Le clergé de la sainte Chapelle se composa de cinq chapelains et de deux marguilliers, diacres ou sous-diacres. Le roi leur assigna des revenus considérables, qu'il augmenta plusieurs fois. Le premier ecclésiastique de cette église fut d'abord appelé *maître chapelain*, puis *maître gouverneur*, ensuite *archichapelain*; enfin, sous François I*er*, ce dignitaire prit le titre de *pape de la sainte Chapelle*.

Cet édifice, avons-nous dit, se compose de deux chapelles superposées; la chapelle inférieure, à cause de son peu de hauteur, a des collatéraux très étroits; un double rang de fenêtres, contre lesquelles s'élèvent des contreforts qui portent tout le poids des voûtes, éclaire les deux étages; au-dessus des fenêtres supérieures, que couronnent des pignons sculptés, une élégante balustrade fait le tour de l'édifice. La charpente des combles servait de base à une flèche qui, selon M. Viollet-le-Duc, ne remontait pas plus haut que le règne de Charles VI. Brûlée dans le grand incendie de 1630, elle fut remplacée, sous Louis XIII, par une autre qui fut détruite à la Révolution. Les statues des douze apôtres et celles de huit anges porteurs des instruments de la Passion, servaient d'ornement à cette flèche ; à la pointe de l'abside se voyait un ange portant une croix.

Le portail est formé de deux porches superposés ; les vantaux de chaque porte sont séparés par un trumeau qu'ornaient aussi des statues. Au-dessus de la plate-forme supérieure s'ouvre une grande rose à meneaux, reconstruite sous le règne de Charles VIII et surmontée d'un pignon entre deux clochetons à jour. La chapelle inférieure se compose d'une nef avec bas côtés étroits ; quarante colonnes monostyles soutiennent les voûtes, dont les clefs, en bois de chêne sculpté, sont très remarquables. C'est dans cette chapelle qu'a été inhumé Boileau. De chaque côté du portail un escalier en pierre conduit à la plate-forme du porche supérieur, qui donne entrée dans la chapelle par une double porte ogivale.

Un peu en arrière de l'autel, l'abside est traversée par une arcature à jour, dont l'arcade médiane porte une plate-forme où s'élève à une grande hauteur un baldaquin ogival en bois sculpté. On monte à cette plate-forme par deux escaliers en bois renfermés dans des tourelles à claire-voie. Celui de gauche date du règne de saint Louis. C'est de là qu'aux jours de fête, le roi montrait au peuple les reliques de la Passion. Les dimensions, hors d'œuvre, de la sainte Chapelle sont : longueur, trente-six mètres ; largeur, dix-sept mètres ; hauteur, depuis le sol de la chapelle basse jusqu'à la pointe du pignon de la façade, quarante-sept mètres cinquante ; ce qui donne à cet édifice une élévation d'un effet imposant.

Malheureusement, depuis la Révolution la sainte Chapelle, production la plus admirable et la plus pure de l'art, était fermée au culte et ne servait plus qu'au dépôt des archives judiciaires. Elle avait subi des dégradations nombreuses et regrettables ; mais, en 1837, le gouvernement de Louis-Philippe en décida la restauration. Trois ans après, les travaux commencèrent et furent successivement dirigés avec soin et intelligence par MM. Duban, Lassus et Viollet-le-Duc.

A l'intérieur, il fallut restituer le dallage, l'autel, reproduction exacte de celui qu'avait détruit la Révolution ; la décoration peinte, dorée et émaillée, qui fait de la sainte Chapelle le plus éblouissant des reliquaires ; les magnifiques vitraux, dont toute la partie inférieure, dans une hauteur de deux mètres environ, avait été supprimée et vendue à vil prix, pour faire place aux casiers des archives. A chaque pilier étaient jadis adossées les statues des douze apôtres, avec leurs dais et leurs culs-de-lampe : toutes avaient été dispersées ou mutilées ; à force de recherches, elles furent retrouvées sur divers points de Paris et des environs, les unes dans un état parfait de conservation, les autres à l'état de tronçons presque informes ; celles-ci, habilement restaurées et toutes remises en leur place, sont, avec les vitraux des quinze fenêtres, ce qu'on admire le plus au milieu des richesses de cette chapelle toute ruisselante de dorures et d'enluminures. On retrouva aussi dans le chantier des travaux de l'église Saint-Denis et à l'école des Beaux-Arts des fragments de l'estrade des reliques placée au fond de l'abside, ainsi que l'un des deux élégants escaliers qui y conduisaient.

A l'extérieur, les travaux ont été plus importants encore : il a fallu refaire à neuf presque toute la partie supérieure de l'édifice, et, sans parler des réparations considérables exigées par le mauvais état des soubassements et des contreforts, restituer la flèche, brûlée, comme on l'a vu plus haut, dans le grand incendie de 1630, et remplacée, sous **Louis XIII**, par une autre, détruite elle-même à la Révolution. Celle qu'a élevée **M. Lassus** est dans le style fleuri du commencement du quinzième siècle, et, par un heureux artifice, on en a rapporté le poids sur l'édifice entier, au lieu de le faire porter seulement sur la voûte, qui n'a que dix-sept centimètres d'épaisseur. La charpente a été exécutée en chêne de Bourgogne et recouverte de feuilles de plomb dont les arêtes sont dorées, ainsi que la crête dentelée du toit et toutes les parties saillantes de la flèche. Les douze statues qui décorent la base de celle-ci, et les huit anges porteurs des instruments de la Passion, sont l'œuvre de **M. Geoffroy Dechaume** ; c'est également à lui qu'on doit l'ange en plomb qui tourne sur son axe à l'extrémité de l'abside, de manière à montrer successivement à tous les points de l'horizon la croix qu'il tient entre ses bras.

Grâce à cette restauration, qui est presque une seconde création, et au percement du boulevard Sébastopol, qui a si heureusement dégagé l'édifice, ce joyau de l'art du treizième siècle est devenu l'un des plus précieux ornements de Paris.

ÉGLISE ABBATIALE DE SAINT-DENIS

(Seine)

Dans les premiers siècles de l'ère chrétienne [1], une noble dame gallo-romaine, nommée Catulle, convertie au christianisme par les prédications de saint Denis ou Denys, apôtre de la Gaule et premier évêque de Paris, présidait à la sépulture de ce saint et à celle de ses compagnons, Rustique, prêtre, et Éleuthère, diacre. Elle faisait rouler une pierre sur une fosse creusée à cet effet dans un champ qu'elle possédait près du village de *Catulliacus,* où, selon la tradition la plus ancienne, saint Denis subit le martyre. Quant à celle qui le fait mourir sur la colline de Mercure, appelée plus tard Montmartre (*mons martyrum,* c'est une fable due à l'imagination d'Hilduin, abbé de Saint-Denis, chapelain de Louis le Débonnaire et chroniqueur du neuvième siècle [2]. S'il faut en croire la légende racontée par le même Hilduin, le saint apôtre aurait lui-même désigné ce lieu pour sa sépulture en s'y arrêtant, après avoir franchi un certain espace sa tête dans ses mains. Ce petit village (*Vicus Catulliacensis*), que traversait une route allant de Paris à Pontoise, est aujourd'hui Saint-Denis-sur-Seine.

Peu de temps après, pour indiquer à tous l'endroit écarté où elle avait déposé ces saintes reliques, la pieuse Catulle y fit élever un tombeau. Dès lors les pèlerins y affluèrent, de nombreux miracles s'y opérèrent, et, en reconnaissance, une chapelle fut érigée autour du sépulcre des trois martyrs. Mais dans la seconde moitié du cinquième siècle environ, cette chapelle, paraît-il, *tombait sous ses propres ruines,* lorsque, à l'instigation de sainte Geneviève et avec l'aide des fidèles, le clergé de Paris fit construire au-dessus de ce tombeau une église ou basilique dont le monument sépulcral forma

1. Probablement au troisième.
2. Mort en 840; a écrit les *Actes du martyre de saint Denys.*

l'autel ; le jeune Dagobert, fils de Chilpéric y fut enterré. Cette église fut placée sous l'autorité de l'évêque de Paris et desservie par des clercs séculiers. Mais sous le règne de Clotaire II, de 623 à 626, Dagobert, son fils, alors roi d'Austrasie, fonda en l'honneur de saint Denis, à quelque distance et à l'est de la basilique qui renfermait le tombeau du saint apôtre de la Gaule, le célèbre monastère où ont été enterrés la plupart des rois de France. Plus tard il fit même enlever du tombeau qui les renfermait, les reliques de l'illustre martyr et les fit transporter dans l'église abbatiale, où, depuis, elles furent conservées.

Selon un religieux, auteur anonyme d'un ouvrage connu sous le titre de *Gesta Dagoberti regis,* le roi Dagobert Ier (623-639), fondateur de l'abbaye, construisit une église à laquelle il donna une décoration somptueuse, et ce fut dans celle-ci que s'établirent les moines ; la plus ancienne charte, qui nomme un abbé de Saint-Denis, est de juin ou juillet 625. A partir de cette époque, plusieurs chartes, en effet, font mention de la basilique qui renfermait le corps de saint Denis, évêque et martyr ; de la communauté de moines établie auprès de cette basilique, de l'abbé qui la gouvernait, *ubi abba, deservire videtur,* enfin des bienfaits qu'elle reçut de la munificence des rois et des particuliers, preuve évidente qu'à cette date au moins remonte la fondation de l'abbaye. La première basilique, dépouillée de ses reliques, garda une existence indépendante, comme église séculière et probablement paroissiale, jusqu'au neuvième siècle. A une époque indéterminée, entre le neuvième siècle et le douzième, elle fut acquise par l'abbaye de Saint-Denis et transformée en prieuré. Il faut donc admettre qu'au lieu où s'éleva ce prieuré existait une basilique renfermant la sépulture de saint Denis, dont le corps fut, au septième siècle (22 avril 626), transféré dans l'abbaye fondée par Dagobert, qui sans doute pour se mettre de plus près sous la protection du patron de la France, à côté de son tombeau marqua la place du sien. Ce fut le premier roi inhumé dans cette basilique, et le choix qu'il en fit pour sa sépulture prouve la vénération dont, auprès des princes et du peuple, saint Denis était l'objet.

Sous Clovis II, fils et successeur de Dagobert, le patrimoine du monastère de Saint-Denis fut officiellement séparé de l'église de Paris et soustrait à l'ingérence épiscopale, et l'acte qui assure à Saint-Denis ce privilège est du 22 juin 624. Le 24 février 636 eut lieu la consécration de cette église au milieu d'un concours considérable de peuple. Une charte de Dagobert porte qu'en considération de sa divine consécration, l'église ne dépendra d'aucune

BASILIQUE DE SAINT-DENIS AVEC L'ANCIEN CLOCHER

puissance, d'aucune juridiction autres que celles du souverain pontife, et par un acte subséquent, il fut dit que tout criminel, même de lèse-majesté, qui se réfugierait sur les terres de cette abbaye, ne pourrait être recherché : c'est le *droit d'asile*. Chose notable à mentionner ici, c'est que Thierry, troisième fils de Clovis II et petit-fils de Dagobert, précipité du trône de Neustrie par une révolution de palais, fut heureux d'user le premier de ce droit de refuge, en 670. Plusieurs des rois successeurs de Dagobert, comme lui reçurent la sépulture dans cette église, à laquelle ils avaient fait de riches présents.

« Ceste église, dit le chroniqueur Doublet[1], moins grande qu'elle est de présent, estoit enrichie d'or et de pierres précieuses que c'estoit une chose admirable; et, à l'endroit où devoient reposer les sacrez corps des bienheureux martyrs, le tout fut couvert d'argent, tant par le dedans que par dessus la couverture de l'église. »

Sous le règne de Pépin le Bref, le monument de Dagobert fit place à un autre plus splendide encore, que Charlemagne termina en 775. Dès le règne de ce grand empereur, les religieux de Saint-Denis jouaient un rôle dans la politique de la France ; aussi voit-on l'archevêque Turpin, primitivement abbé de Saint-Denis, devenir chancelier, et, sous Louis le Débonnaire, Hilduin, également abbé de Saint-Denis, comme on l'a vu plus haut, remplir les fonctions d'ambassadeur, et même exercer dans le conseil une grande influence. Il opéra dans la discipline du monastère, dont les mœurs s'étaient relâchées, une sorte de réforme.

Après Hilduin on vit plusieurs personnages illustres se succéder dans la dignité abbatiale de Saint-Denis, et Charles le Chauve, l'un d'eux, la donna en commande à Louis, son parent. C'était le temps où les Normands exerçaient leurs déprédations sur la France ; ils attaquèrent l'abbaye de Saint-Denis, s'en emparèrent et la mirent au pillage ; mais elle se releva de ses désastres ; et lorsque Hugues Capet fut parvenu au trône, il rendit aux religieux de ce monastère le droit d'élire leur abbé.

Le plus éclairé et le plus vertueux des abbés de Saint-Denis fut incontestablement Suger, ministre de Louis VI, dit le Gros, et de Louis VII, dit le Jeune. Durant la croisade entreprise par le second de ces souverains, Suger eut la régence du royaume et le gouverna avec sagesse et prudence. Tenant à prouver sa vénération pour l'apôtre de la Gaule, cet abbé-ministre reconstruisit en partie, agrandit, embellit et enrichit l'église de l'abbaye, édifiée, trois siècles

---

1. Écrivain du dix-septième siècle, *Histoire de l'abbaye de Saint-Denis*.

auparavant, par Pépin et Charlemagne. Sur l'emplacement qu'occupait un porche en saillie et du style le plus lourd construit au-devant de l'église, Suger fit élever la façade, telle, à peu près, que nous la voyons aujourd'hui. « Il construisit, dit M. Debret, architecte, la façade de l'église, avec deux tours ; la flèche ne fut d'abord bâtie qu'en bois ; mais les carrières de Pontoise lui offrirent enfin la pierre dure qu'il y avait jusqu'alors cherchée en vain. Ce fut aussi après des recherches infructueuses qu'il trouva lui-même sa charpente dans la forêt de Chevreuse, qui appartenait à l'un de ses vassaux. »

C'est en 1140, comme nous l'apprend une inscription dédicatoire, que la façade fut terminée, et, en 1144, furent également achevés tous les travaux entrepris pour la construction du chevet, des chapelles du rond-point encore existantes, des deux portails, du transept et des bas côtés de la nef. Le 11 juin de la même année on fit la dédicace solennelle de l'église ainsi reconstruite. Mais, moins d'un siècle après (1219), la foudre consuma la flèche, construite en bois sur la tour du nord, et même une grande partie des combles. En 1231, la reine Blanche de Castille songea à réparer ces désastres, et, par ses ordres, l'abbé Eudes-Clément entreprit dans ce but d'immenses travaux. Mais afin de subvenir aux dépenses de la croisade fatale, d'où il ne devait revenir que dans un cercueil, Louis IX, bien à regret, ordonna de les interrompre. Le pieux successeur du saint roi, Philippe III, le Hardi, son fils, acheva enfin les travaux commencés ; il fit bâtir les six travées de la nef qui joignent les tribunes de l'orgue, et élever en pierre (1280) la haute flèche du nord. La reconstruction du chœur est due à Philippe-Auguste, mais c'est à Suger que l'abbaye fut redevable des portes de fonte ciselées, revêtues d'or moulu et représentant la passion, la résurrection et l'ascension du Sauveur. En outre, il donna à l'église plusieurs objets de grande valeur. Par ses soins furent aussi transportés dans un magnifique tombeau les restes de saint Denis et de ses compagnons, déposés encore à cette époque dans le caveau construit pour eux par Dagobert. Un élégant fronton surmontait autrefois la rose de l'horloge, mais il fut remplacé par un long cordon de créneaux, lorsque Charles le Mauvais eût fait sur Saint-Denis une première tentative pour s'en emparer. Le Dauphin entreprit alors de relever les fortifications de cette place et de fortifier l'église elle-même.

Sous le règne de saint Louis, Mathieu de Vendôme, abbé de Saint-Denis, pendant la seconde croisade de ce prince, tint les rênes de l'État, et, comme Suger, fit tourner au profit de l'abbaye et de son église le pouvoir qu'il exerça. Ce bel édifice, ainsi plusieurs fois reconstruit, restauré, embelli, offre nécessairement, par l'irrégularité de ses parties, le caractère de diverses époques; et de la différence des goûts qui ont présidé à son érection, ressort évidemment une différence de style. L'ensemble, cependant, particulièrement à l'extérieur, est d'un beau gothique.

Cette superbe basilique a cent huit mètres seize de long dans œuvre, trente-

DÉTAIL D'UNE DES PORTES LATÉRALES DE SAINT-DENIS

sept mètres de large et vingt-huit de haut sous voûte (nef principale); la façade principale a trente-trois mètres cinquante de large, y compris les contreforts latéraux; la tour du sud, qui n'a jamais été terminée, a cinquante-huit mètres treize de hauteur. La façade occidentale (douzième siècle), percée de trois belles portes, s'élève sur la petite place de la Mairie. Au-dessus de l'entrée principale se trouvent trois arcades : celle du centre est ouverte; les deux autres encadrent trois inscriptions en grandes lettres, dont l'une donne 1140, date de la consécration, déjà indiquée plus haut. La rose à douze rayons

5

qui surmonte ces trois arcades, sert de cadran d'horloge. La tour du sud se compose de deux étages éclairés par de belles fenêtres cintrées. Celle du nord doit être rétablie avec sa flèche du treizième siècle. Deux fenêtres s'ouvraient aux extrémités des transepts; celui du sud, ou porte des Bénédictins, est aujourd'hui fermé. La porte des Valois dans le transept nord, devait être flanquée de deux tours.

A l'intérieur, les deux premières travées de la nef, formant le porche, datent de Suger. La nef est entourée de bas côtés, qui se doublent près du transept, et de petites chapelles. Les mausolées occupent les travées des doubles collatéraux et des chapelles de gauche, les deux bras de la croix, le chœur des chanoines et le chœur des reliques. Ce dernier s'étend depuis le maître-autel jusqu'aux chapelles absidales, et le pavé en est beaucoup plus élevé que celui de la nef. A droite, au delà du chœur d'hiver, sont de riches chapelles construites sous la Restauration. On remarque encore avec intérêt le grand buffet d'orgues, supporté par une arcade de quarante pieds de haut et large comme toute la nef. Les grilles du chœur sont d'un travail exquis: elles ont été exécutées dans l'intérieur de l'abbaye par le frère Denis. La grille placée à la partie antérieure était jadis ornée d'une croix d'or garnie de pierreries; elle avait été faite, assure-t-on, par saint Éloi. Nous avons dit que les portes extérieures, données par l'abbé Suger, étaient couvertes d'or moulu; le temps a fait disparaître cette riche dorure; mais les figures bizarres laborieusement ciselées sur ces portes sont fort curieuses. Signalons encore les deux rampes qui conduisent au chœur des reliques, et, parmi les monuments que l'on y remarque, la pierre tombale de Frédégonde, qui, avant la Révolution, se trouvait à Saint-Germain des Prés, à Paris. Il reste dans les chapelles absidales quatre verrières du temps de Suger, dont deux entières et très remarquables. Les vitraux de la sacristie représentent plusieurs traits de la vie de saint Louis. La sacristie est aussi décorée de dix tableaux exécutés depuis la Restauration: ce sont: 1° *la Prédication de saint Denis;* 2° *Dagobert ordonnant la construction de l'église consacrée à ce saint;* 3° *l'Institution de la même église comme sépulture des rois;* 4° *la Dédicace de ce temple en présence de l'empereur Charles-Quint;* 5° *Saint Louis faisant placer dans le chœur les tombeaux des rois ses prédécesseurs;* 6° *Saint Louis recevant l'oriflamme à Saint-Denis avant sa première croisade;* 7° *Philippe le Hardi portant sur ses épaules le corps de saint Louis;* 8° *Charles-Quint visitant l'église de Saint-Denis, où le reçoit François Ier;* 9° *le Couronnement de Marie de Médicis;* 10° *Louis XVIII ordonnant la continuation de l'église Saint-Denis.*

La crypte a subi de nombreux remaniements; mais les sept chapelles du rond-point, qui correspondent à celles de l'abside, datent du temps de Suger et offrent même quelques vestiges de constructions antérieures.

Des objets précieux composaient autrefois le riche trésor de Saint-Denis; ils

ENTRÉE DES CAVEAUX. — TOMBEAU DE CLOVIS.

étaient contenus dans cinq grandes armoires, mais, malheureusement, ils ont été, pour la plupart, pillés et détruits par la Révolution.

La splendeur et la prospérité de l'abbaye de Saint-Denis ont donné au simple village ou bourg de *Catulliacus* (*vicus Catulliacensis*), l'apparence et l'importance d'une ville. Mise une première fois en commande par Charles le Chauve et rendue à son indépendance par Hugues Capet, elle retomba une seconde fois en commande sous François Ier. Depuis, elle compta encore de grands personnages parmi ses abbés: papes et rois, princes temporels et princes spirituels, semblent en effet s'être complu, à l'envi, à illustrer cette célèbre abbaye; plusieurs même d'entre eux sollicitèrent comme un honneur d'en être nommés abbés. Aux noms de Charles le Chauve, d'Eudes, de Robert Ier et de Hugues, sous la dynastie carolingienne, s'ajoutent, dans la suite, ceux de Henri III de Lorraine, d'Armand de Conti, de Jules Mazarin, cardinal, et de Paul de Gondi, cardinal de Retz.

Quelques-uns de nos rois y furent élevés dans leur jeunesse, Louis VI, entre autres, qui y fut condisciple de Suger, et longtemps ils gardèrent la coutume d'y tenir leur *cour plénière* aux quatre principales fêtes de l'année. Cette abbaye devint enfin comme une Académie de religion d'où sortirent successivement vingt-quatre évêques ou archevêques, des docteurs célèbres et des écrivains sacrés de premier ordre. C'est, en effet, dans les cellules de ce monastère que les historiens de nos rois, depuis Philippe Ier jusqu'à Louis XI, écrivirent leurs chroniques. On sait enfin que les successeurs de Dagobert voulurent, à son exemple, reposer dans la basilique consacrée à saint Denis, et que dans l'église de l'abbaye s'accomplit la conversion de Henri IV, à laquelle les religieux de l'abbaye contribuèrent particulièrement.

Au seizième siècle, l'abbaye de Saint-Denis eut beaucoup à souffrir de la part des huguenots, mais toujours elle répara ses désastres. Depuis le jour où Philippe III, le Hardi, portant pieusement sur ses épaules les restes de son père Louis IX, mort à Tunis (1270), les déposa à Saint-Denis, jusqu'au jour où Louis XIII vint visiter l'abbaye parvenue à son plus haut point de splendeur, de père en fils les habitants de cette ville furent témoins de bien des obsèques princières, qui renouvelèrent par intervalles la funèbre splendeur de ce panthéon de nos rois. En effet, Capétiens, Valois et Bourbons vinrent tour à tour faire psalmodier les religieux de Saint-Denis auprès de leur catafalque. Il y avait alors, sous le gouvernement du grand prieur trente-trois prêtres, seize diacres, vingt et un sous-diacres, sept acolytes et un nombre infini de moines; dans l'église les richesses s'étalaient à profusion.

Malheureusement, la restauration morale accomplie autrefois par Hilduin n'avait pas persévéré, et, avec la fortune, s'était introduit de nouveau le relâchement. En effet, dit Félibien, parlant de l'état moral de l'abbaye avant la réforme que, sous Louis XIII, lui fit subir le cardinal de La Rochefoucauld, « l'ordre de Saint-Benoît, jadis si vénéré par toute la France, était arrivé à un grand relâchement, sans qu'on pût marquer d'autre cause à cette décadence presque générale que la fragilité humaine ». L'abbé Lebeuf dit aussi que « presque toutes les abbayes du diocèse de Paris ont compté des saints parmi leurs abbés, mais que celle de Saint-Denis, qui les a surpassées en célébrité, dès son origine, ne peut produire aucun religieux qui s'y soit sanctifié et qui ait mérité d'être canonisé par l'Église de Paris. »

Mais ce relâchement, cette décadence morale, n'est-ce pas précisément aux richesses acquises par cette abbaye, à sa splendeur, à sa célébrité qu'il les faut

VUE DE LA CRYPTE DE SAINT-DENIS

attribuer? Aussi, quelques années plus tard, vers 1692, les prérogatives de l'abbaye royale furent-elles restreintes; et l'archevêque de Paris, ressaisissant la juridiction du territoire de Saint-Denis, ne laissa-t-il à l'abbé que celle de l'enceinte du monastère.

Les abbés de Saint-Denis avaient, à l'origine, une bannière qui leur était spéciale et particulière (*vexillum sancti Dionisii*) : c'était l'*oriflamme* (*auri flamma*). Elle leur servait d'étendard dans leurs guerres privées. Mais ensuite l'oriflamme remplaça la chappe de saint Martin, de couleur bleue, primitivement enseigne royale, et devint l'étendard de la monarchie. En effet, les rois de France, allant en guerre, la prenaient sur le tombeau de saint Denis avec une solennité imposante, et la rapportaient avec le même appareil lorsque les hostilités avaient cessé. Louis VI, le premier, fit porter l'oriflamme dans les luttes qu'il eut à soutenir contre ses puissants vassaux, et Philippe-Auguste la déploya officiellement à la tête de l'armée française lorsqu'il s'avança vers le Rhin contre l'empereur Henri V. Mais, après la funeste bataille d'Azincourt (1415), on ne la voit plus reparaître.

Guillaume Guiart, dans la description qu'il en donne dans ses *Royaux lignages*, laisse à penser que Dagobert, le premier, avait donné ce drapeau aux moines de Saint-Denis :

. . . .
Saus pourtraicture d'aucune affaire,
Li roi Dagobert la fit faire.

L'oriflamme était rouge : « C'était, dit André Duchesne, une bannière de vermeil toute semée de lis d'or. » Ajoutons, pour en donner une idée plus exacte, que cette bannière, ou plutôt ce pennon de taffetas rouge, se terminait en trois pointes ou fanons garnis de houppes vertes, et que la hampe était de bois doré ou seulement de bois blanchi.

Cette bannière, nationale au moyen âge, nous amène naturellement à donner le sens de *Montjoie Saint-Denis,* cri de guerre des Français à la même époque. L'origine n'en est pas bien connue ; voici pourtant comment on l'explique : « Autrefois, paraît-il, les pèlerins appelaient *montjoies* (*montes gaudii*) les monceaux de pierres entassées pour indiquer la route qu'ils devaient suivre ; et par analogie, à la guerre, *montjoie* indiquait la marche de l'armée. Montjoie Saint-Denis voulait donc dire qu'il fallait suivre la bannière de Saint-Denis, c'est-à-dire l'oriflamme.

L'église de Saint-Denis, devenue, après la tourmente révolutionnaire, église canoniale, est aujourd'hui desservie par un chapitre composé de chanoines-évêques et de chanoines de second ordre. Affectée primitivement, comme nous l'avons dit, à la sépulture des rois de France, elle fut un instant rendue à sa destination première sous la Restauration, après en avoir reçu une assez analogue sous l'Empire. En effet, en 1806, Napoléon conçut le projet de rétablir à son profit les institutions de l'ancienne monarchie, et dans la vieille basilique, dont il décida la restauration, il fit construire dans le plus vaste des caveaux, devenus déserts, son propre tombeau. Ce caveau, disposé pour lui-même et pour ses descendants, n'a pas reçu la dépouille mortelle de ceux auxquels il était destiné. Un jeune prince, cependant, de la dynastie napoléonienne, fils de Louis Bonaparte, a été placé dans ce souterrain, que soutiennent des colonnes d'un ordre sévère, entre lesquelles sont les statues des six rois de France qui ont pris ou obtenu le titre d'empereur, à savoir : Charlemagne, Louis le Débonnaire, Charles II, dit le Chauve; Louis II, le Bègue; Charles III, dit le Gros, et Louis IV, d'Outre-mer.

Trois ans après le décret de 1806, par lequel il ordonnait la restauration de la sépulture royale de Saint-Denis, Napoléon Ier pourvut de même au rétablissement de l'abbaye, devenue magasin à farine sous la Terreur. Il convertit ces bâtiments en maison d'éducation pour les filles des membres de la Légion d'honneur et comme succursale de la maison d'Écouen. Après la Restauration, Louis XVIII y transporta l'institution principale et ordonna que le pensionnat de Saint-Denis serait régi à l'instar de l'ancienne communauté de Saint-Cyr, et desservi par une société de dames religieuses réunies sous le nom de Congrégation de la Mère de Dieu. L'instruction y est organisée comme elle l'était à Écouen.

PRINCIPAUX TOMBEAUX DE L'ÉGLISE DE SAINT-DENIS

A droite du maître-autel, dans le sanctuaire, est le tombeau de Dagobert, restauré avec soin. Comme œuvre d'art, et aussi pour le caractère allégorique de ses bas-reliefs, c'est l'un des monuments les plus curieux du moyen âge. La partie supérieure de ce tombeau représente le roi couché, et debout, à ses côtés, Nantilde, sa femme, et son fils Clovis II. La statue de Nantilde est un des plus beaux spécimens de la sculpture au treizième siècle. La statue couchée de Dagobert est moderne. On lit au-dessous, également en caractères modernes : *Ci-gît Dagobert, premier fondateur de céans, roi en l'an 632, jusqu'en 645.*

A gauche, en face du tombeau de Dagobert, sont les monuments des deux fils de saint Louis, qui avaient été enterrés à Royaumont; de Pépin le Bref, de Berthe, sa femme; de Louis VI, etc. Deux belles rampes en pierre conduisent au chœur des reliques.

Dans une riche chapelle de cinq travées, construite sous la Restauration, on remarque le tombeau du deuxième fils de Charles V, Louis d'Orléans, et de Valentine de Milan, sa femme. On sait que, par ordre de ce roi, du Guesclin fut inhumé dans le caveau que Charles V s'était fait préparer pour lui-même, et dans lequel était déjà enterrée la reine, sa femme, morte en 1377. Ajoutons que clandestinement fut enterrée à Saint-Denis, le 24 septembre 1435, Isabeau de Bavière, femme de l'infortuné roi Charles VI. Parmi les mausolées placés à gauche dans la nef et le transept, il faut citer ceux de Louis XII et de Henri II.

Celui de Louis XII et d'Anne de Bretagne, sa femme, est orné de bas-reliefs, dont les principaux représentent l'entrée de ce prince à Milan, (6 octobre 1499), le passage des montagnes de Gênes (avril 1507) et la bataille d'Agnadel, gagnée sur les Vénitiens (14 mai 1509). Aux quatre angles de ce monument sont quatre figures de femmes plus grandes que nature : *la Prudence, la Justice, la Tempérance* et *la Force*. Sur le sarcophage sont couchés, nus et presque décharnés, le roi et la reine ; sur la plate-forme du tombeau, on les a représentés agenouillés. Les douze apôtres entourent le tombeau. Le tout est d'un beau travail, exécuté sous la direction d'un sculpteur nommé Juste.

L'un des monuments les plus splendides de la Renaissance est le tombeau de François Ier et de Claude de France. Il a été commencé en 1552, sous la direction de Philibert Delorme. La partie sculpturale est l'œuvre de Germain Pilon et de plusieurs autres sculpteurs de talent. Seize colonnes de marbre blanc, cannelées et d'ordre ionique, soutiennent une voûte richement sculptée sous laquelle sont couchées nues les figures du roi chevalier et de la reine sa femme. Les deux faces principales de la base sont ornées de bas-reliefs d'une belle exécution ; ils représentent les batailles célèbres de Marignan et de Cérisoles. Les figures agenouillées sur la plate-forme, chacune devant un prie-Dieu, sont celles de François Ier, de Claude de France, sa femme ; du Dauphin François, de Charles d'Orléans, leurs fils, et de Charlotte de France, leur fille. Ce tombeau est, dit-on, l'ouvrage du Primatice.

Le tombeau de Henri II et de Catherine de Médicis, dit des Valois, œuvre admirable que l'on attribue à Germain Pilon, est construit d'un beau marbre blanc, orné de douze colonnes d'ordre composite, élevées sur un soubassement en forme de piédestal. Quatre ravissantes statues de bronze, qui représentent, dit-on, les quatre vertus cardinales, sont placées aux angles. Entre ces statues sont couchés Henri II et Catherine de Médicis. Au-dessus de l'entablement, ces mêmes figures, vivantes, sont représentées à genoux devant un prie-Dieu. Ce tombeau fut exécuté du vivant de la reine ; aussi, prise de scrupules religieux, elle fit remplacer les deux figures nues par deux statues drapées, qui, toutefois, ne furent exécutées qu'après sa mort. Elles représentent les deux époux couchés sur un coussin en bronze, et sont aujourd'hui placées devant le tombeau.

TOMBEAU DE FRANÇOIS Iᵉʳ.

La plus belle des cérémonies funèbres qui eut lieu dans la basilique de Saint-Denis fut celle des funérailles de Turenne, que Louis XIV fit inhumer, en 1675, dans la chapelle des Bourbons. Sur son tombeau on voyait le héros expirant reçu dans les bras de l'Immortalité, qui posait sur son front une couronne de lauriers. Devant ce groupe était un bas-relief en bronze, représentant l'une des batailles où triompha Turenne. Aux deux côtés du mausolée se tenaient la *Sagesse* et la *Valeur,* dans l'attitude de la consternation. L'honneur d'être inhumé à Saint-Denis n'avait été jusqu'alors accordé qu'à du Guesclin, à Louis de Sancerre, connétable, mort en 1402, et au marquis de Caussade, comte de Saint-Mégrin, tué sous les yeux de Louis XIV, au combat de la porte Saint-Antoine. Un ancien usage y avait fait admettre aussi quelques officiers du palais : Pierre de Beaucaire, chambellan de saint Louis; Bureau de la Rivière, premier chambellan des rois Charles V et Charles VI; Arnaud de Barbazan, premier chambellan de Charles VII, et Guillaume de Chastel, panetier du même roi.

En 1715, la dépouille mortelle du grand roi fut aussi portée à Saint-Denis; mais, sur la route, elle fut mal accueillie; les malheurs de la fin du règne de ce prince en ternirent l'éclat. Comme celles d'Isabeau de Bavière, les funérailles de Louis XV furent faites clandestinement. Son corps fut déposé, selon l'usage, sur le banc de pierre élevé dans une sorte de niche, à l'entrée du caveau, pour y attendre son successeur; mais il l'attendit vainement. Charlemagne, Philippe Ier, Louis VII et Louis XI exceptés, tous nos rois, depuis Dagobert jusqu'à Louis XV, reposaient donc en paix dans leurs tombeaux lorsque, sur la proposition de Barrère, la Convention rendit, le 31 juillet 1793, un décret ordonnant que les « tombeaux et mausolées des ci-devant rois, élevés dans l'église de Saint-Denis, dans les temples et autres lieux, seraient détruits ».

Après la destruction des tombeaux, l'église devint un magasin militaire, et pendant quatorze ans elle resta dans un tel état de ruine, que la toiture, délabrée, protégeait à peine les fourrages qui y étaient amoncelés.

Depuis la Restauration, dans la grande salle funéraire ouverte un peu plus loin que le caveau sépulcral construit par Napoléon on a déposé les cercueils de Louis XVI et de Marie-Antoinette, de Mmes Victoire et Adélaïde de France, du duc de Berry et de deux de ses enfants. Au bas de l'escalier qui conduit au caveau central, sur un tréteau de fer, est placé le cercueil de Louis XVIII, suivant l'antique cérémonial, qui veut que les rois de France attendent en ce lieu leur successeur avant d'être eux-mêmes descendus dans la grande salle funéraire. Dans une autre partie de la crypte est situé le caveau des Condés, où a été déposé, le 4 septembre 1830, le dernier prince de ce nom.

CATHÉDRALE DE CHARTRES

CATHÉDRALE DE CHARTRES

(Eure-et-Loir)

Chartres occupe, comme on sait, le centre de l'ancienne partie de la Gaule celtique qu'on appelait le pays des Carnutes. Jusqu'au milieu du quatrième siècle, cette ville, connue sous le nom d'*Autricum*, était la capitale de ce pays. Avant l'invasion romaine, Chartres était considérée comme la capitale de la Gaule celtique : là résidait le sénat des druides. Sur le territoire chartrain avaient lieu les grandes assemblées nationales pour délibérer des intérêts communs ; cette contrée, couverte d'immenses forêts, avait été choisie par ces prêtres législateurs comme la plus propice à leurs mystères sacrés. Le pays est encore couvert des débris des monuments de ce culte antique, que le temps, les guerres et le zèle ardent des premiers évêques n'ont pu entièrement anéantir.

C'est dans la cathédrale de Chartres que saint Bernard prêcha la seconde croisade. En 1304, Philippe le Bel, vainqueur des Flamands, y vint déposer son armure; en 1523, le trésor de l'église servit à payer la rançon de François Ier, prisonnier à Madrid; en 1591, Henri III lui fit hommage des armes prises sur les Italiens; enfin, en 1594, Henri IV y fut sacré.

Dans la nuit du 5 juin 1836, un violent incendie faillit détruire le monument tout entier. Aujourd'hui toutes les traces de l'incendie ont disparu; mais cependant il serait à désirer que les travaux de reconstruction fussent poussés avec plus d'activité, car la cathédrale est dans un assez mauvais état d'entretien et demande d'importantes réparations.

Chartres est la patrie de saint Nicole, de Félibien, des poëtes Desportes et Régnier, du marquis de Dangeau, des conventionnels Pétion et Dussaulx, de l'avocat Chauveau-Lagarde, du général Marceau, auquel on a élevé, en 1851, une statue de bronze sur la place des Épars, etc.

Lorsque, vers le commencement du cinquième siècle, le christianisme s'établit dans le pays chartrain, sa capitale était une fort petite ville, située sur la rivière d'Eure, et composée d'une dizaine de rues étroites, tortueuses et obscures. Tel fut le premier siège des évêques de Chartres, qu'on doit compter parmi les plus anciens de la France. Celui d'entre eux qui consolida la religion chrétienne dans ce diocèse, se nommait Solemnis; il vivait en 490, et sans doute il gouvernait encore, au spirituel, les habitants de Chartres lorsque cette ville et son territoire passèrent sous l'autorité des rois francs. Après la mort de Clovis, le pays chartrain fit partie du royaume de Paris.

La ville de Chartres renfermait autrefois sept églises, dont deux seulement, Saint-Aignan et Saint-Père, dédiée depuis sous le titre de Saint-Pierre, ont été conservées. Sa cathédrale, qui occupe le point culminant de la ville, est un des plus magnifiques monuments que nous ait légués l'art chrétien du moyen âge. C'est l'avis unanime des appréciateurs éclairés de l'architecture gothique à cette époque. Mais peu de monuments subirent plus de vicissitudes. Incendiée en 845, par les Normands, la cathédrale de Chartres devint de nouveau la proie des flammes au dixième siècle. Enfin, en 1020, la foudre détruisit pour la troisième fois ce bel édifice. Fulbert, alors évêque de Chartres et prélat jouissant d'une haute réputation de sagesse et de piété, avec l'aide de ses diocésains, réédifia l'église incendiée.

La façade présente deux tours surmontées de flèches, dont l'une s'élance dans les airs à la hauteur de cent vingt mètres. A l'angle méridional de la tour de droite, appelée le Vieux Clocher on remarque un morceau de sculpture qui représente un âne jouant de la vielle. Cette figure bizarre, connue dans le pays sous le nom de l'*Ane qui vielle,* pourrait faire allusion à la fête de l'Ane célébrée, comme on l'a vu, du onzième au quinzième siècle, dans plusieurs églises de France. Entre les deux tours resplendit une rosace, véritable chef-d'œuvre du style rayonnant. Le chœur, l'autel et le transept, comme les façades latérales, sont décorés de nombreuses statues, parmi lesquelles une *Assomption de la Vierge*, en marbre blanc, due au ciseau de Coustou, et une *Vierge et l'Enfant Jésus.*

On admire aussi, à l'intérieur, de fort beaux vitraux peints. La chapelle de la Vierge Noire est l'objet d'un pèlerinage célèbre. Au-dessous de l'église supérieure s'étend une immense crypte, appelée l'église d'en bas. On y retrouve d'intéressants vestiges de l'époque mérovingienne. On remarque encore à Chartres le palais épiscopal, bâti au treizième siècle.

CATHÉDRALE DE ROUEN

ET TOMBEAU DE LOUIS DE BRÉZÉ

On sait que Rouen (*Rothomagus*), chef-lieu du département de la Seine-Inférieure, est, par son étendue, sa population, son industrie et son commerce, l'une des principales villes de France. Il serait donc intéressant d'en faire ici l'histoire, de rappeler les vicissitudes par lesquelles a passé, d'abord sous les Romains, cette capitale des Vélocasses (peuplade gauloise), puis sous les Francs, jusqu'au moment où les Normands s'en emparèrent; et sous les Anglais, qui, pendant la guerre de Cent ans, en furent trente ans les maîtres. Les ligueurs s'y établirent aussi et s'y maintinrent jusqu'au jour où le Béarnais, par son courage et son habileté, ayant su conquérir son royaume, rentra enfin, au prix de grands sacrifices, en possession de l'ancienne capitale de la Normandie.

Nous aimerions à raconter la conversion de cette ville au christianisme, conversion opérée, vers le milieu du troisième siècle, par saint Nicaise, martyrisé dans une île de l'Epte; nous voudrions parler de saint Mellon, qui fit, dit-on, de nombreux miracles; de saint Victrice, non moins distingué par ses vertus que par son zèle apostolique, l'ami de saint Martin de Tours, de l'historien Sulpice-Sévère et de saint Paulin, qui, « dans une de ses lettres, s'applaudit de ce que Rouen est devenu, depuis l'avènement de son ami, une ville *illustre par la multitude de ses lieux saints;* » nous voudrions...; mais la description de la cathédrale de Rouen étant notre objet principal, nous ne pouvons que mentionner en passant ces saints personnages. Parmi les successeurs de saint Victrice nommons cependant saint Gildard ou Godard (cinquième siècle), frère du célèbre saint Médard, évêque de Noyon, protecteur de Radegonde contre la colère de Clotaire Ier, son mari, qu'elle fuyait pour se consacrer au Seigneur. Ce saint prélat institua à Salency, village où il était né, la *fête de la rosière*, depuis, toujours en grand honneur en France. Nommons saint Prétextat, dont la fin tragique rappelle les trop nombreuses cruautés de Frédégonde ; saint Romain, célèbre par la destruction des temples païens, et surtout par sa victoire sur la *Gargouille*, dragon monstrueux qui, dans les environs de Rouen, dévorait les hommes et les bêtes. Nommons enfin saint Ouen, successeur de saint Romain sur le siège épiscopal de Rouen. D'abord garde du sceau de Dagobert I*er*, et aussi l'ami et le conseiller d'Ébroïn, maire du palais de Neustrie, ce saint prélat gouverna son diocèse avec sagesse, et, plus tard, fut inhumé dans l'église placée sous son invocation. On croit qu'il était issu des rois de France.

Que d'événements aussi se sont accomplis à Rouen ! Mais il en est un surtout à jamais regrettable, et que nous ne saurions passer sous silence ! C'est à Rouen qu'en faisant monter sur le bûcher la jeune et sainte héroïne, libératrice de la France, Jeanne d'Arc, les Anglais ont imprimé sur leur front une tache ineffaçable.

Détournant les yeux de cette lugubre scène, arrêtons-les sur un événement d'un tout autre genre, sur une fête donnée plus de cent ans après, en 1550, à Henri II et à Catherine de Médicis, par les plus graves magistrats du pays de sapience, *gens doctes*, comme dit le récit de *la Sumptueuse entrée*, et *bien suffisans personnaiges*, fête dont un épisode doit aujourd'hui nous paraître au moins étrange.

En effet, un demi-siècle environ après la découverte de l'Amérique, cinquante Indiens, appartenant à la race des Tupinambas, venaient simuler leurs combats sur les bords de la Seine et mêler à ces jeux guerriers leurs danses solennelles, telles qu'elles avaient lieu dans les belles campagnes arrosées par le *Capibarribe* et le *Paraguassù*.

« Le roy, après ce plaisant spectacle dont son œil fut joyeusement content, » passa outre ; et, quant à l'opinion de la reine, la chronique rouennaise est explicite : « Le second jour, y est-il dit, comme on renouvelait le spectacle, Katherine de Médicis, passant en sa pompe et magnificence par-dessus la chaussée[1], ne sut la faire sans prendre délectation aux jolys esbatements et *schyomachie* des sauvages[2]. »

« On eut alors, pour la première fois, une idée de la vie que menaient les sauvages du Brésil en leurs grandes forêts, et cet extrait du récit de la *Sump*-

---

1. Place où se donnait cet *esbatement americain*, et qui s'étendait jusqu'à la Seine.
2. Comme disaient les érudits du temps ; ce drame bizarre n'avait certainement aucun antécédent en Europe depuis la découverte du Brésil par Pedro Alvarez Cabral. (FERDINAND DENIS, *une Fête brésilienne*, etc.)

TOMBEAU DE LOUIS DE BRÉZÉ DANS LA CATHÉDRALE DE ROUEN

tueuse Entrée du roy et de la reyne dans la ville de Rouen, curieux épisode du règne de Henri II, est un exemple des jeux bizarres de la cour où brillait Catherine de Médicis. »

Rouen a eu l'honneur de voir naître dans ses murs plusieurs personnages célèbres : les deux Corneille, Fontenelle, Benserade, Pradon, le P. Brumoy, Boïeldieu, l'abbé Legendre, Jouvenet, Géricault, la Champmeslé, le célèbre navigateur Cavelier de la Salle, etc.

Que nous aimerions aussi à nous arrêter devant les principaux monuments de Rouen, et surtout devant les églises dont cette ville est si riche : devant Saint-Ouen, basilique aussi vaste que magnifique ; devant Saint-Maclou, si remarquable par son grand portail cintré, composé de trois porches et regardé comme un des beaux spécimens du style gothique fleuri ; devant Saint-Patrice, dont les magnifiques vitraux datent du seizième siècle, devant Saint-Vincent, qui date de la Renaissance et possède plusieurs verrières également bien conservées. Les plus intéressantes de ces verrières représentent la Vierge à genoux, au milieu des apôtres ; la décollation de saint Jean-Baptiste et un des nombreux miracles opérés par saint Antoine de Padoue. Mais voici la cathédrale :

Selon des traditions fort incertaines, le premier évêque qui ait élevé à Rouen une église cathédrale et qui lui ait donné son nom est saint Mellon. C'est très probablement sur l'emplacement de cette église, sans doute détruite par les Normands, que s'éleva plus tard l'église métropolitaine, dont Rollon entreprit la construction. Richard Ier fit continuer les travaux commencés par son grand-père, et, en 950, dit la chronique de Normandie, Notre-Dame de Rouen était déjà fort avancée. La nef fut terminée par l'archevêque Robert, fils de Richard. Vers 1050, on construisit les bas côtés, et, en 1063, l'archevêque Maurille en fit la dédicace. On y travaillait pourtant encore au commencement du douzième siècle, époque à laquelle il faut rapporter la construction du chœur et de la croisée. Mais cette église fut en partie détruite en 1200.

Jean sans Terre en commença la reconstruction, à l'exception de la tour Saint-Romain. Cette tour, dont la base appartenait à la construction primitive, fut continuée à différentes époques et terminée, en 1477, par le cardinal Guillaume d'Estouteville. On l'appelait aussi autrefois *la tour aux Onze Cloches*, dont, aux jours de fête, le carillon formidable s'entendait de trois ou quatre lieues.

Dix ans plus tard fut posée la première pierre de la *tour de Beurre*, qui reçut ce nom parce qu'elle fut construite au moyen des aumônes offertes par les fidèles, qui obtinrent en échange la permission de faire usage de beurre en carême. Cette tour, bénite vers 1497, a soixante-dix-sept mètres d'élévation. Robert de Croixmare, archevêque de Rouen, en avait posé la première pierre en 1487. Ses deux galeries à jour, ses quatre fenêtres d'entrelacs d'appui et surmontées d'élégants pignons évidés, sa terrasse et sa bordure en balustres déliés, en font un des plus gracieux ornements de l'architecture du quinzième siècle. Dans cette tour était suspendue autrefois une cloche, fondue en 1501, par ordre et aux frais de George d'Amboise, cardinal, qui lui avait donné son nom. Cette cloche, la plus grosse de France, avait dix pieds de haut. On lisait à l'entour ce quatrain en lettres gothiques :

> Je suis nommée George d'Amboise,
> Qui bien trente six mille poise,
> Et cil qui bien me pesera
> Quarante mille trouvera.

En 1786, la cloche dite *George d'Amboise* fut fêlée dans un branle en l'honneur de Louis XVI, qui faisait son entrée à Rouen ; fondue à Romilly en 1793, elle servit à fabriquer des canons.

L'aspect intérieur de la cathédrale frappe par sa grandeur, sa majesté imposante et l'harmonie parfaite des proportions qui règne dans toutes ses parties. La longueur totale de l'édifice, jusqu'à l'extrémité de la chapelle de la Vierge, est de cent trente-six mètres, et la largeur, de cinquante-cinq. Cette chapelle renferme de magnifiques œuvres d'art. Le chœur, entouré de quatorze colonnes et recevant le jour par quinze croisées du quinzième siècle, a trente-trois mètres, et la nef soixante-dix.

Au centre de l'édifice règne la lanterne, haute de cinquante-deux mètres sous clef de voûte, et soutenue par quatre gros piliers supportant le soubassement d'une tour carrée, de laquelle s'élançait vers les cieux, à la hauteur de cent vingt-huit mètres, la flèche célèbre de Robert Becquet, achevée ves 1544. Plusieurs fois atteinte de la foudre, et fortement endommagée, elle fut chaque fois réparée, et enfin entièrement restaurée en 1808. Mais de nouveau foudroyée, incendiée et détruite le dimanche 15 septembre 1822, elle a été réédifiée en fonte, et, par la nature même de la matière employée à sa reconstruction, elle est désormais à l'abri de pareils accidents. Cette flèche, travaillée à jour et du poids de cinq cent trente et un mille cent soixante-douze kilogrammes, s'élève de cent cinquante et un mètres au-dessus du sol.

Notre-Dame, à l'intérieur, reçoit le jour par cent trente fenêtres, garnies pour la plupart de vitraux précieux, et par trois grandes rosaces, dont deux aux extrémités de la croisée et l'autre au-dessus de l'orgue. Ces rosaces sont

LA CATHÉDRALE VUE DE LA RUE DE L'ÉPICERIE

de la plus grande beauté ; celle de l'ouest surtout n'a pas de rivales pour l'éclat des couleurs, la délicatesse et le luxe des ornements, au centre desquels est placé le Père éternel entouré d'une multitude d'anges.

Les deux rosaces de l'extrémité ont donné lieu à un événement tragique que l'on vous raconte toujours en vous les montrant : c'était en 1439 ; l'une fut exécutée par Alexandre de Berneval, artiste en renom ; l'autre par son apprenti. Celle de l'apprenti fut jugée plus belle que celle du maître, et celui-ci en conçut tant de dépit et de jalousie qu'il tua son élève.

Les vitraux des collatéraux (treizième siècle), les plus remarquables, se distinguent par l'éclat et l'harmonie de leurs couleurs. Au nombre des vitres de la Renaissance les plus estimées, il faut ranger celles qui représentent la vie de saint Romain, dans la chapelle de cet évêque, et, dans celle de Saint-Étienne, saint Thomas touchant les blessures de Jésus-Christ ; le Christ prêchant dans le désert ; le Christ apparaissant à la Madeleine ; la pêche miraculeuse, etc. Dans les stalles du chœur sont représentés tous les métiers ; d'intéressantes sculptures en décorent les consoles. On y lit aussi de curieuses inscriptions tumulaires ; et dans l'encoignure du transept septentrional, on admire le joli escalier gothique, dont la construction date de la deuxième moitié du quinzième siècle ; il conduit à la bibliothèque, qui elle-même a été fondée en 1424. Dans la chapelle du petit Saint-Romain est le tombeau de Rollon, et en face, dans la chapelle Sainte-Anne, celui de Guillaume Longue-Épée, son fils et successeur, si traîtreusement assassiné par un comte de Flandre, dans une conférence que ce seigneur lui avait proposée.

De toutes les magnifiques œuvres d'art que renferme la chapelle de la Vierge, le tombeau élevé par Diane de Poitiers à son époux, Louis de Brézé, est le plus remarquable. Ce tombeau est certainement l'une des plus admirables productions de la Renaissance. Quatre belles colonnes de marbre noir, dont les chapiteaux et les bases sont en albâtre, supportent le mausolée ; entre ces colonnes est un cercueil sur lequel repose la statue en marbre blanc de Louis de Brézé, représenté au moment où il vient d'expirer, étendu sur le dos, la main gauche placée sur la poitrine. Du côté de la tête de la statue du comte est celle en albâtre de Diane de Poitiers, agenouillée, les bras croisés, en vêtements de deuil ; du côté opposé est la Vierge tenant l'enfant Jésus. Dans le fond, au milieu, se voient deux incriptions, l'une en prose, l'autre en vers, enlevées pendant la Révolution et rétablies successivement depuis ; les voici toutes deux :

Loys de Breszé, en son vivant chevalier de l'ordre, premier chambellan du Roy, grand Sénéschal, Lieutenant-Général et Gouverneur pour le dict sieur, en ses pays et duché de Normandie, Capitaine de Cent Gentilz hommes d'armes de ses ordonnances, Capitaine de Rouen et de Caen, Conte de Maulevrier, Baron de Mauny et du Bec-Crespin, Seigneur Chastellain de Nogent-le-Roy, Ennet, Bréval et Monchauvet. Après avoir vescu par le cours de la nature en ce monde, en vertu jusques à l'âge de LXXII ans, la mort la faict mectre en ce tombeau pour retourner vivre perpétuellement. Lequel décéda le dymence XXIIIme jour de juillet mil V^{cc} XXXI (1531).

> Dedens le corps que ce blanc marbre serre,
> Jadis le ciel pour embellir la terre
> Transmyst le choys des illustres espritz,
> Lequel au corps feist tant d'honneur acquerre
> Qu'en temps de paix et furieuse guerre,
> Soubz quatre Roys il emporta le prix.
> Le souverain pour son partage a pris
> Ceste noble âme, et la terre a repris
> Le corps jà vieu, mais quand à sa gloire ample,
> Pour ce qu'elle est de vertu décorée :
> Aux bons Françoys est ici demourée,
> Pour leur servir de mémorable exemple.

Sur l'entablement se dresse la statue équestre du sénéchal, en marbre blanc. De chaque côté de la statue sont des cariatides surmontées de fleurs ; celles de droite représentent la Prudence et la Gloire ; les deux de gauche, la Victoire et la Foi. Le couronnement se compose d'un attique, en forme de niche, dans laquelle on remarque une statue en albâtre tenant une épée ; elle représente la Force, la Justice ou la Prudence (on n'est pas d'accord sur ce point). Sur la corniche, deux chèvres tiennent entre leurs pattes de devant les armoiries du sénéchal. La grandeur, la noblesse de l'ensemble et la perfection des détails ont fait attribuer cet admirable monument au grand sculpteur Jean Goujon ou à Jean Cousin. L'art français n'a rien de plus parfait.

Tout à côté de ce tombeau est celui de Pierre de Brézé, comte de Maulevrier, grand sénéchal d'Anjou, tué à la bataille de Montlhéry, le 16 juillet 1465. Ce monument est un charmant spécimen de transition du style gothique au style de la Renaissance. On remarque encore, à droite de la chapelle de la Vierge, le tombeau des cardinaux d'Amboise, celui du cardinal Cambacérès, mort à Rouen, le 25 octobre 1818 : une simple dalle recouvre ses restes ; et en face, le monument érigé, en 1857, en l'honneur du cardinal prince Croy, archevêque de Rouen, mort le 1er janvier 1844. On remarque aussi, à l'entrée de cette même chapelle de la Vierge, à droite, sous une arcade à plein cintre, la statue d'un évêque étendu sur le dos. On prétend qu'elle représente l'archevêque de Rouen saint Maurille, dont il a été parlé plus haut. Il mourut en 1235.

Plusieurs fois, dans cette courte notice sur la cathédrale de Rouen, a été mentionné Saint-Romain. Ne la quittons pas sans parler d'un privilège singulier dont jouissait anciennement le clergé de cette église, sous le nom de la *fierte* (châsse) Saint-Romain. Tous les ans, au jour de l'Ascension, le chapitre avait le droit de faire sortir des prisons de la ville un criminel, qui se trouvait, par ce fait, absous complètement du crime ou des crimes qu'il avait commis antérieurement : nulle juridiction ne pouvait le rechercher. Pour cela le prisonnier devait seulement soulever et porter quelques pas la châsse du bienheureux saint Romain. Mais ce privilège ne se perpétua pas; et voici à quelle occasion il prit fin. Christophe, baron d'Alègre, et son page, Claude Pechu de la Motte, avaient assassiné, en 1588, François de Montmorenci-Hullot, lieutenant du roi en Normandie, dont le premier ambitionnait la place. Le Parlement de Rouen condamna par contumace le baron d'Alègre à être écartelé; mais il avait pris la fuite. Son page, moins bien inspiré, se rendit à Rouen, porta les reliques de saint Romain et se crut à l'abri de toutes poursuites. Mais, cette fois, le Parlement ne tint aucun compte du privilège de la châsse. La veuve et la fille du gentilhomme assassiné obtinrent l'arrestation du sieur de la Motte, et, malgré les longues oppositions de l'archevêque de Rouen, il fut condamné à de fortes amendes et au bannissement.

Mentionnons encore, pour compléter la description de la cathédrale de Rouen, le portail des Libraires et le portail de la Calende.

Situé à l'extrémité nord du transept, le portail des Libraires est ainsi nommé à cause des libraires qui occupaient des boutiques de chaque côté de la cour de l'Albane qui le précède, mais qui, fort heureusement, a été dégagé des constructions qui le masquaient. « C'était, dit M. Licquet, l'entrée ordinaire des hauts personnages, à l'exception du roi et des princes du sang, qui se rendaient à l'église par le grand portail d'occident. » De nombreux bas-reliefs ornent cette entrée : les uns représentent des traits de l'histoire sainte; « les autres, dit M. de Caumont, des sujets grotesques et des *obscena*, » dont quelques-uns semblent avoir été inspirés par les métamorphoses d'Ovide.

Le portail de la Calende date à peu près de la même époque. Au-dessus de la porte, dans un arc en ogive, est un grand bas-relief représentant l'histoire de Joseph vendu par ses frères, les funérailles de Jacob et Jésus-Christ sur la croix. Ces sculptures sont un vrai type de naïveté et de finesse. Deux tours carrées accompagnent la façade de ce portail.

ÉGLISES DE CAEN

(Calvados)

La ville de Caen, chef-lieu du Calvados, est située dans un vallon au confluent de l'Orne et de l'Odon. Les plaines fertiles qu'entourent ces deux rivières offrent aux habitants de riantes promenades, à l'ombre des arbres et au bord des eaux. Le port de Caen n'est qu'à douze kilomètres de l'Océan ; aussi la proximité de la mer et la canalisation de l'Orne ajoutent-elles à l'importance de cette cité, qui possède un château fort, de beaux édifices et surtout plusieurs églises remarquables, dont il va être parlé plus loin.

Caen n'a pas toujours échappé au fléau de la guerre ; deux fois même les Anglais s'en emparèrent, en 1346 et en 1447 ; mais les Français la reprirent en 1448. Henri V d'Angleterre y avait fondé une université, que Charles VII confirma en 1450.

Plusieurs savants se sont livrés à de nombreuses dissertations sur l'origine de Caen ; mais pendant que les uns y ont vu une ville romaine, la cité de Caïus (*Caii domus*), d'où *Cadomus*, comme on l'appelle en latin, les autres n'en font remonter la fondation qu'au dixième siècle ou même au onzième. En fait, Caen ne figure dans aucun document romain. On n'y cite que Bayeux comme capitale de cette partie de la seconde Lyonnaise. Grégoire de Tours parle des *Saxons de Bayeux*, mais jamais de Caen. Saint Regnobert, évêque de Bayeux, a-t-il, dès le septième siècle, fondé plusieurs églises dans le lieu où, plus tard, Caen fut bâtie ? C'est possible, mais on n'en a pas de preuve certaine. Il n'est fait mention de Caen pour la première fois que dans un document du onzième siècle, dans lequel il est dit que Richard II, duc de Normandie, donna, en 1015, à l'abbaye de Fécamp *la dîme du péage du bourg appelé Caen*[1]. Caen n'était donc au onzième siècle qu'un bourg, ou plutôt un lieu de percep-

---

[1]. *Do et decimas telonii de burgo qui dicitur Cadomus.*

tion, un lieu de *péage*. Quant à l'origine étymologique du nom, elle pourrait bien venir du mot *cathim* (maison de la barrière), nom que, dans leur langage, les barbares et les seigneurs féodaux donnaient au bureau de péage établi à l'endroit que l'on appelle encore aujourd'hui, dans Caen, *Vaugueux* (le gué de la vallée). C'est sous ce nom qu'est désigné Caen dans un titre par lequel Richard III, duc de Normandie, donne, en 1026, cette ville en douaire à sa femme Adèle : « Je lui accorde, dans le comté de Bayeux, la ville que l'on appelle *Cathim*, sur l'Orne, avec les églises, vignes, prés, moulins, champs de foire, *péage*, port et toutes ses dépendances [1]. »

A cette époque et jusqu'au milieu du onzième siècle, Caen n'avait ni remparts ni château fortifié, comme nous l'apprend Wace, en parlant de l'invasion des Français dans le Bessin, en 1059 :

> Encore est Caen sanz chastel,
> Ni aveit mur ne quesnel.

En effet, c'est de Guillaume le Conquérant que date la transformation de Caen. Le bourg qui entourait le lieu de péage devint une ville forte, et sur la hauteur qui dominait le passage de l'Orne, par les soins du duc de Normandie, s'éleva une citadelle. Vers le même temps, il épousa de force Mathilde, fille de Baudouin, comte de Flandre, qu'il avait enlevée ; mais le pape Léon IX lança l'interdit sur les provinces qu'il gouvernait. Guillaume alors, pour fléchir le pape et obtenir la levée de l'interdit, s'engagea à doter de fondations religieuses quatre villes de la Normandie, et à Caen, l'une d'elles, il fonda deux abbayes. Telle fut l'origine des célèbres monastères de Saint-Étienne et de la Sainte-Trinité, l'un dans la partie occidentale de la ville, l'autre dans la partie orientale. On y admire encore aujourd'hui les églises romanes de l'*Abbaye aux Hommes* et de l'*Abbaye aux Dames*.

Maître de l'Angleterre, Guillaume y résida, mais sans jamais d'ailleurs négliger sa bonne ville de Caen. En 1075, une fille du Conquérant, Cécile, prit le voile à l'abbaye de la Sainte-Trinité, et huit ans après, Mathilde, sa mère, fut inhumée dans le même monastère. Enfin, le Conquérant lui-même, voulant aussi reposer dans cette ville, qu'il avait transformée et, pour ainsi dire, créée, désigna Saint-Étienne pour le lieu de sa sépulture :

> Gésir voloit en l'abbaïe
> Qu'ie avoit faite et bâtie [2].

---

1. Aristide Guilbert, *Villes de France* (passim).
2. Benoît de Sainte-Maure.

ABSIDE DE L'ÉGLISE SAINT-PIERRE, A CAEN.

Le désir de ce prince, plus tôt qu'il ne pensait, reçut son exécution, mais non sans difficulté. En effet, le roi de France, Philippe Ier, un jour qu'il se trouvait avec ses amis, tourna en plaisanterie l'embonpoint excessif de Guillaume ; ce propos arriva aux oreilles du Conquérant, qui jura par ses plus grands serments, par la splendeur et la naissance de Dieu, de faire repentir Philippe de ces paroles inconsidérées. Il tint son serment, et, au mois de juillet 1087, à la tête d'une armée il entra en France par le comté de Vexin, situé entre l'Epte et l'Oise, territoire dont il revendiquait la possession. Il fit tout dévaster sur son passage, mettre le feu à la ville de Mantes, et lui-même, dans une espèce de rage destructive, se porta au milieu de l'incendie pour jouir de ce spectacle et encourager ses soldats.

Comme il galopait à travers les décombres, son cheval mit les deux pieds sur des charbons couverts de cendres, s'abattit et le blessa au ventre. La chaleur du feu et de la saison rendirent sa blessure dangereuse, et six semaines après il expirait à Rouen, où il s'était fait transporter (1087). Ce prince avait à peine rendu le dernier soupir que ses fils l'abandonnèrent, ainsi que ses médecins et les autres assistants, pour veiller sur leurs biens. Les gens de service et les vassaux de moindre étage enlevèrent, après la fuite de leurs supérieurs, les armes, les vases, les vêtements, le linge, tout le mobilier, et s'enfuirent de même, laissant le cadavre nu sur le plancher.

Le corps du roi demeura ainsi abandonné pendant plusieurs heures ; enfin des gens de religion, clercs et moines, revêtus des habits de leur ordre, avec la croix, les cierges et les encensoirs, vinrent auprès du cadavre et prièrent pour l'âme du défunt ; puis, sur l'ordre de l'archevêque de Rouen, la dépouille mortelle du conquérant de l'Angleterre fut transportée à Caen, pour être ensevelie, selon son désir, dans la basilique de Saint-Étienne. Mais là, nouveaux incidents : « La messe était achevée ; on allait descendre le corps, lorsqu'un homme sortant du milieu de la foule dit à haute voix : « Clercs, « évêques, ce terrain est à moi ; c'était l'emplacement de la maison de mon « père ; l'homme pour lequel vous priez me l'a pris de force pour y bâtir son « église. Je n'ai point vendu ma terre, je ne l'ai point engagée, je ne l'ai point « forfaite, je ne l'ai point donnée ; elle est de mon droit, je la réclame. Au nom « de Dieu, je défends que le corps du ravisseur y soit placé et qu'on le couvre « de ma glèbe[1]. »

« L'homme qui parlait ainsi se nommait Asselin, fils d'Arthur, et tous les

---

1. Augustin Thierry, *Conquête d'Angleterre*. (Détails empruntés à Ordéric Vital, historien du douzième siècle, et au *Roman de Rou*, de Wace.)

assistants confirmèrent la vérité de ce qu'il avait dit. Les évêques le firent approcher, et, d'accord avec lui, payèrent soixante sous pour le lieu seul de la sépulture, s'engageant à le dédommager équitablement pour le reste du terrain. Le corps du roi était sans cercueil, revêtu de ses habits royaux. Lorsqu'on voulut le placer dans la fosse, qui avait été bâtie en maçonnerie, elle se trouva trop étroite; il fallut forcer le cadavre, et ses entrailles se répandirent. On brûla de l'encens et des parfums en abondance, mais ce fut inutilement; le peuple se dispersa avec dégoût, et les prêtres eux-mêmes, précipitant la cérémonie, désertèrent bientôt l'église[1] ».

Entrons maintenant dans quelques détails sur Saint-Étienne. Cette ancienne église abbatiale, appelée aussi *Abbaye aux Hommes,* fondée, comme on l'a vu plus haut, en 1066 par Guillaume le Conquérant, fut achevée en 1077. Cette église, l'une des plus belles de la Normandie, appartient à différentes époques, et l'intérieur offre aussi plusieurs styles différents. Elle est surmontée de deux tours jumelles couronnées de flèches octogonales en pierre, construites vers 1200. Au point d'intersection de la nef et des transepts s'élève une grosse tour décapitée, dont autrefois la hauteur était de cent vingt-quatre mètres; quatre beaux clochetons pyramidaux accompagnent le chevet, d'un bel aspect et reconstruit, ainsi que le chœur, vers le commencement du treizième siècle. On admire avec raison la majesté du portail, remarquable par la sévérité de son style. La longueur de cette église, en forme de croix, est de cent quinze mètres et la largeur de vingt-sept. La nef, couverte, au onzième siècle, par une charpente, fut remaniée, au douzième, dans ses parties supérieures, ainsi que le transept, pour recevoir des voûtes d'arêtes romanes. Autour du déambulatoire rayonnent seize chapelles.

Les restes de Guillaume le Conquérant, plusieurs fois profanés, reposent au milieu du sanctuaire, sous une dalle de marbre noir. Dans la sacristie, qui est fort belle, on conserve de ce prince un portrait exécuté au dix-huitième siècle d'après un portrait plus ancien.

Les détails qu'on vient de lire sur Saint-Étienne nous amènent naturellement à parler de la Trinité, *Abbaye aux Dames,* église fondée vers le même temps par la reine Mathilde, femme de Guillaume le Conquérant. Le plan de cet édifice, récemment restauré, est en forme de croix et régulier. Trois tours carrées, une de chaque côté du portail, qui est roman, et une au centre, surmontent ce monument; les balustrades qui forment le couronnement de

---

1. Augustin Thierry, *Conquête d'Angleterre.* (Détails empruntés à Ordéric Vital.)

ces tours datent des premières années du dix-huitième siècle. La nef est remarquable par l'élégance des galeries qui terminent les travées. Le chœur n'est pas spacieux; pendant longtemps un magnifique mausolée, élevé au milieu, offrait l'image de l'épouse du conquérant de l'Angleterre et indiquait le lieu de sa sépulture; mais en 1652 les protestants le détruisirent. Le cercueil et quelques fragments du corps furent recueillis par l'abbesse, Anne de Montmorency, et replacés dans le tombeau où ils avaient reposé pendant cinq siècles. Un nouveau mausolée, érigé en 1708, par les soins de l'abbesse de Tessé, fut détruit de nouveau, en 1793. Enfin, les cendres de cette princesse, retrouvées en 1809 dans le même cercueil, furent replacées, en 1819, sous un troisième monument érigé par les soins de M. le comte de Montalivant. Sur la table de marbre blanc se lit une épitaphe en caractères du onzième siècle. Sous le chœur est une très belle crypte, soutenue par trente-six colonnes.

Une troisième église non moins remarquable, mais plus ancienne, si saint Regnobert, évêque de Bayeux, en est vraiment le fondateur, est placée sous le vocable de Saint-Pierre. Nous avons peu de chose à dire sur ce saint prélat, sinon que, apôtre zélé de la foi, il s'appliqua à la faire fleurir et se distingua par ses vertus et sa piété.

L'architecture de l'église actuelle de Saint-Pierre est de plusieurs époques et irrégulière; mais certaines parties en sont fort remarquables, et elle mérite d'être considérée comme une des plus belles églises de Caen. La tour, haute de soixante-dix mètres, toute en pierre et terminée en pyramide, est un chef-d'œuvre de hardiesse et d'élégance. Elle fut bâtie en 1308, ainsi qu'une partie de la nef et des trois portails, dont l'un forme l'entrée de la nef centrale, longue et sans transept. Cette nef et le chœur, dont les sculptures sont d'une exécution merveilleuse, sont en partie du même siècle que la tour, mais ont été rebâties au quatorzième siècle et au seizième. Le grand portail ne fut terminé qu'en 1784; son aspect est irrégulier mais pittoresque. Le chevet et le rond-point sont un chef-d'œuvre de délicatesse et d'élégance. C'est un des morceaux les plus curieux et les plus parfaits qui aient signalé la renaissance des arts, et peu, en France, peuvent lui être comparés. L'intérieur des chapelles de ce rond-point n'est pas moins magnifique que l'extérieur. On remarque surtout l'étonnante construction des voûtes, chargées de nervures et de pendentifs de la plus grande légèreté. Ces voûtes et les chapelles de l'abside sont l'ouvrage d'Hector Sohier, architecte, né à Caen, en 1521. Cette abside est surmontée de clochetons dont l'ensemble aérien est d'un très bel effet. Mais ce qui peut-être étonne le plus et attire surtout l'attention, c'est le petit drapeau tricolore qui flotte, en l'honneur de la victoire de Solférino, sur un de ces clochetons, et qu'une main d'une audace folle peut seule y attacher.

Voici d'ailleurs, d'après la tradition locale, reproduite par le *Musée des familles,* l'histoire des clochetons de l'abside de Saint-Pierre. L'architecte que nous venons de nommer, exécutait cette merveille sur pilotis, lorsqu'il vit les sculpteurs les plus hardis reculer devant l'entreprise énorme et dangereuse de pointes, de culs-de-lampe et de colonnettes qu'il voulait conduire à bonne fin pour résumer dans son œuvre toutes les richesses de la Renaissance. Que faire ? Il lui vint une idée : il les invita tous un jour à dîner pour le lendemain, et les reçut à un festin royal, en grande toilette, avec sa fille Clotilde parée de ses plus beaux atours.

Il faut dire que la beauté et les grâces de cette jeune fille étaient l'objet de l'admiration générale.

Le dîner fut long et joyeux, et l'architecte aimable et familier ; Clotilde trônait là dans toute sa plus resplendissante beauté.

A la fin du dessert, Hector Sohier se leva, fit remplir les verres du vin le plus généreux, et solennellement, en trinquant à la ronde :

« A l'achèvement des clochetons de l'abside de Saint-Pierre, dit-il ; et à celui d'entre vous qui exécutera le plus beau et le plus élevé, je lui promets devant tous le cœur et la main de Clotilde ! »

La jeune fille accepta le toast en rougissant, ce qui la rendit plus belle encore. Et dès le lendemain tous les sculpteurs étaient installés sur leurs échafaudages aériens.

Or, pendant deux ans, ce fut un travail acharné, prodigieux, infini.

Établie juge par les concurrents, Clotilde n'était jamais contente d'aucun d'eux.

Cette base était trop lourde, cette flèche trop aiguë, cette cannelure irrégulière, ce bas-relief indigne du sujet, etc., etc.

Et les artistes de recommencer, de perfectionner encore, de tenter l'impossible et le surhumain.

Trois d'entre eux moururent à la peine. Deux se tuèrent en tombant sur le pavé. Quatre renoncèrent à gagner le prix. Et la lutte suprême eut lieu entre les cinq plus capables et vaillants.

Enfin les clochetons étaient terminés. Tout le monde s'en extasiait. Sohier lui-même n'y trouvait rien à redire.

Il fallut bien que Clotilde se prononçât.

Elle était brave catholique, et les huguenots assiégeaient Caen.

« Mon cœur et ma main sont à vous, dit-elle au plus habile des sculpteurs, qui se trouvait être le plus jeune et le plus beau, si vous m'apportez avant dimanche le drapeau de Coligny, et si vous l'attachez à la pointe de votre clocheton. »

Une heure après, Jacques Lemaître (c'était le nom de l'artiste) entrait au château, cerné par les calvinistes. Il trouva la garnison catholique en désarroi, sans pain et sans solde, sans munitions et sans habits. Il persuada aux plus courageux de tenter un coup de désespoir. Il en reçut le commandement absolu. Il fit fondre les bijoux du château pour les payer, le plomb des châsses et des toits pour charger leurs mousquets. Il les habilla du drap d'or et d'argent, du lampas et du velours des tentures et des rideaux. Bref, il exécuta avec eux une sortie si vigoureuse et si triomphante, que les huguenots, « pensant revoir les diables auxquels ils ne croyaient plus », s'enfuirent avec Coligny, entraîné dans leur déroute.

Le lendemain, devant toute la ville assemblée et poussant des acclamations de victoire, un jeune homme blessé à la tête s'élança d'échafaudage en échafaudage, et arriva jusqu'au sommet du plus haut clocheton de Saint-Pierre.

Il y attacha un drapeau criblé de balles et descendit au milieu des vivats et des applaudissements.

Ce jeune homme était Jacques Lemaître, et ce drapeau était le guidon de Coligny.

Clotilde embrassa le vainqueur au pied de son chef-d'œuvre et de son trophée, et, un mois après, tous deux étaient unis dans la belle église, en présence du gouverneur, de l'évêque et des habitants.

Lorsque Henri IV vint remercier les Caennais, en 1603, on lui présenta Jacques Lemaître et sa femme, et on lui raconta leur histoire.

Il baisa la main de Mme Lemaître et nomma son époux sculpteur du roi.

Outre plusieurs autres églises et monuments curieux et intéressants, Caen possède un musée d'histoire naturelle, un musée d'antiquités et une bibliothèque de soixante mille volumes.

Cette ville a vu naître aussi plusieurs hommes célèbres, entre autres Malherbe, Segrais, Huet, Malfilâtre, etc.

ÉGLISE DU GRAND-ANDELY

AUX ANDELYS (Eure)

Les Andelys, compris autrefois dans le Vexin normand, aujourd'hui chef-lieu d'arrondissement du département de l'Eure, se composent de deux villes, qui ne sont séparées l'une de l'autre que par une chaussée d'un kilomètre. La plus ancienne s'appelle simplement Andely ou le Grand-Andely ; elle est située dans la vallée que traverse le ruisseau de Gambon. L'autre, sur la rive droite de la Seine, s'appelle le Petit-Andely ; mais Grand et Petit se désignent communément sous le nom d'*Andelys*.

Comme il arrive souvent pour les villes anciennes, on n'est pas d'accord sur l'origine du nom *Andeleius, Andeliacum, Andelagum*, donné primitivement au Grand-Andely. Selon Dulaure, il serait formé de *ande*, pays, territoire, et de *lis*, lisière. Bien différente est l'étymologie que l'auteur de la *Vie de sainte Clotilde* prête à ce nom. Selon lui, en ce lieu cette reine aurait fondé un monastère de filles appelé *Andelins,* d'où la dénomination des deux villes jumelles.

Suivant cette ancienne tradition, Clotilde aurait obtenu que, miraculeusement, l'eau d'une fontaine voisine se changeât en vin pour les ouvriers qu'elle employait à la construction du monastère. Ce renouvellement du miracle opéré par Jésus-Christ aux noces de Cana n'est point article de foi, mais on y crut alors fermement, et de nos jours encore, tous les ans, le 2 juin, en mémoire de ce miracle, un nombre considérable de pèlerins se rendent en procession à cette fontaine de toutes les contrées environnantes ; et les malades, pleins de confiance dans la vertu miraculeuse de ses eaux, s'y plongent dans l'espoir de leur guérison. On y baigne aussi une statuette en vermeil contenant les reliques de la sainte, puis on y jette plusieurs brocs de vin. Cette fontaine est curieuse à visiter à cause de ses *ex-voto* et de l'énorme tilleul qui l'ombrage, vrai phénomène de végétation.

Dans le septième siècle, l'abbaye d'Andely rivalisait avec le monastère de Chelles, fondé par sainte Bathilde, femme de Clotaire II, et celui de Faremoutiers en Brie, ainsi nommé de sainte Fare, sa première abbesse. Fille d'Agnéric, l'un des principaux officiers de Théodebert II, roi d'Austrasie, et de Léodegonde, elle avait été bénie par saint Colomban et consacrée au Seigneur à l'âge de dix ans. L'historien saxon Bède le Vénérable dit que, même de la Grande-Bretagne, on envoyait de jeunes filles nobles à l'abbaye d'Andely. En 884 cette abbaye existait encore; mais elle fut détruite par les Normands. Lorsque ceux-ci, pour se rendre l'Église favorable, lui rendirent les villages dont elle avait abrité le berceau, ce fut l'archevêque de Rouen qui devint le seigneur des Andelys. C'est à partir de cette époque que les deux bourgs furent unis sous ce même nom.

Sur les ruines de l'ancien couvent bâti par sainte Clotilde s'éleva, disent les chroniqueurs, la collégiale de Notre-Dame, dont le chapitre fut composé d'un doyen, de six chanoines, de quatre vicaires, d'un diacre, d'un sous-diacre et de plusieurs clercs. Ses règlements datent de 1245. Cette ancienne collégiale est aujourd'hui l'église du Grand-Andely et l'une des plus remarquables de la province par la beauté et la conservation de ses vitraux, qui datent du commencement de la Renaissance; ceux de droite sont surtout admirables. Les verrières qui représentent les légendes de sainte Clotilde, de saint Pierre, d'un prêtre nommé Théophile et le couronnement de la Vierge, sont les plus remarquables.

N'a-t-elle pas été particulièrement bien choisie la légende de Théophile, ou *Théophilus*, comme l'appelle Villon dans la ballade qu'il fit à la requête de sa mère pour prier Notre-Dame :

> Pardonnés moi comme à l'Égyptienne,
> Ou comme il feit au clerc Théophilus?

N'est-elle pas bien à sa place dans l'église d'une ancienne collégiale de Notre-Dame, puisqu'il s'agit d'un miracle opéré par la sainte Vierge?

Ce clerc Théophilus ou Théophile était vidame d'Adana en Cilicie. Dépouillé de sa charge par le nouvel évêque de cette ville, il avait promis, dans son dépit, son âme au démon, s'il la lui faisait recouvrer. Heureusement, le repentir entra à temps dans son cœur, et après avoir gémi pendant plusieurs années

CHAPELLE SAINTE-CLOTILDE, AUX ANDELYS

sur son apostasie, il obtint enfin, par l'intervention de la vierge Marie, la rupture de son pacte.

Mais aussi qu'elle est touchante la prière que ce prince apostat adressa à la Vierge !

« Reine sainte et belle, lui dit-il, glorieuse Vierge, dame pleine de grâce, par qui tout bien arrive, celui qui dans ses besoins vous appelle est délivré de peine ; celui qui vous offre son cœur aura joie nouvelle au royaume éternel ; fontaine inépuisable, délicieuse et vivifiante, rappelle-moi à ton fils.

. . . .

« Ah ! pierre resplendissante, femme tendre et miséricordieuse, entends ma prière, rappelle de la flamme éternelle mon vil corps et mon âme[1]. »

Telles sont les paroles par lesquelles Théophile implora la *doulce mère de Dieu*, comme on disait au moyen âge.

Mais revenons à la description de l'église. Le portail principal, ouvrage du seizième siècle, offre un exemple intéressant de ces doubles rangées de colonnes à jour qui soutiennent les larges ornements de l'ogive, et de beaux détails d'architecture gothique. La porte latérale du nord, élevée sans doute à la fin du seizième siècle, est un modèle de proportion de l'école de la Renaissance. Les deux tours, qui datent du treizième siècle, ont été restaurées et en partie refaites à neuf. La splendide rosace septentrionale, chef-d'œuvre de délicatesse et de légèreté, produit un effet magnifique. La grande nef, garnie sur toute sa longueur de collatéraux et de chapelles appartenant en grande partie au treizième siècle, a été presque entièrement remaniée ; mais le style primitif a été partout religieusement respecté. De superbes pendentifs à jour semblent balancer leurs dentelles sur la tête des assistants. Cette nef et ses dépendances renferment un magnifique groupe en pierre représentant l'ensevelissement du Christ. On voit aussi à gauche, en y entrant, un singulier rocher, flanqué de châteaux forts sur les côtés ; un bénitier du quinzième siècle et, dans la chapelle Saint-Joseph, un bel autel sculpté.

Le transept est orné à chaque extrémité d'une magnifique rosace garnie de beaux vitraux. La partie nord de ce transept appartient tout entière à la Renaissance. Le riche transept méridional est embelli de fenêtres et de dentelles des styles flamboyant et fleuri. Le chœur et l'autel méritent aussi d'attirer l'attention, le premier, par des vitraux paraissant remonter aux premières années du seizième siècle, et par des stalles du quinzième représentant des

---

[1]. Rutebeuf, *Miracle de Théophile*, traduction de MM. Monmerqué et Francisque Michel (*Théâtre français au moyen âge*).

sujets bizarres ou grotesques : des artisans travaillant à leur métier, des personnages à table, une femme tirant du vin d'un tonneau, etc. L'église possède en outre un beau buffet d'orgues, dont la menuiserie date du seizième siècle, et quelques bons tableaux dus au pinceau de Poussin ou à celui de ses élèves. La sacristie, petite salle basse, dont les voûtes à nervures accusent, d'après M. de Caumont, antiquaire distingué, la fin du treizième siècle, contient une chasuble du seizième dont les charmantes broderies sont dignes d'admiration.

Près de l'église du Grand-Andely est située la chapelle Sainte-Clotilde. Cette chapelle renferme un riche cul-de-lampe de la fin de la Renaissance, décoré d'arabesques d'un goût délicat. On y remarquait une coupole en bois, assemblée avec art, du milieu de laquelle tombait une clé pendante richement sculptée et renfermant les statues de Clotilde et de Clovis. Ces deux figures, peintes et dorées avec soin, avaient le sceptre en main, la couronne en tête et le manteau royal sur les épaules. La Révolution précipita de sa niche élégante cette statue; on la retrouva parmi les décombres, mais mutilée. L'effigie de la sainte et la clé pendante qui la renferme ont été conservées. On voyait aussi au Grand-Andely l'église de la *Magdeleine*, un prieuré de Saint-Jean, etc.

Le Petit-Andely avait aussi son église, Saint-Sauveur; un Hôtel-Dieu, desservi par des chanoines de l'ordre de Saint-Augustin, et une maison de religieux de l'ordre de Picpus. Ajoutons que le magnifique pont d'une seule arche sur lequel on passe la Seine au Petit-Andely, situé sur la rive droite de ce fleuve, doit son origine à Richard Cœur de Lion. Voulant mettre la frontière de Normandie à l'abri des ravages perpétuels qui la désolaient, ce prince s'empara des Andelys, dont les habitants étaient tour à tour rançonnés et pillés par les Français et les Anglais, et fit élever sur un rocher la citadelle de Château-Gaillard, aux annales tragiques de laquelle se rattachent tous les événements de cette époque.

En moins d'un an fut érigée cette citadelle avec ses ceintures de forts protégeant la Normandie ; et Richard, à la vue des dix-sept tours du château et de ses murailles de huit pieds d'épaisseur, s'écriait : « Qu'elle est belle, ma fille d'un an ! »

Les ruines majestueuses de cette citadelle dominent le cours de la Seine et le Petit-Andely.

L'ABBAYE DE JUMIÈGES

(Seine-Inférieure)

Dans la presqu'île que forme la Seine entre Caudebec et Duclair, à vingt-sept kilomètres de Rouen, se dresse un petit bourg peuplé de quinze à seize cents habitants. Connu autrefois sous le nom de *Gemeticum, Gemeiæ* et *Gemegiæ*, il s'appelle aujourd'hui Jumièges. Son église, classée parmi les monuments historiques, fut primitivement dédiée à saint André, selon d'autres à saint Pierre ; mais on ne lui reconnaît pour patron que saint Valentin, martyrisé à Terni, en Italie (306). Un prêtre rapporta de Rome le chef de ce saint, qui fut déposé sous le maître-autel de l'église de Jumièges, église fort simple, en style roman des onzième et douzième siècles.

A l'époque de la Renaissance on entreprit une magnifique reconstruction du chœur, mais il n'a pas été achevé. On y voit des fragments de vitraux du douzième siècle, des dalles tumulaires du même temps et même du treizième siècle.

Cependant ce n'est pas à son église que Jumièges doit sa célébrité, mais à son abbaye, dont, au dire des auteurs les plus autorisés, la fondation remonte à 654. Elle est due à saint Philibert (ou Philbert), né en Gascogne, qui en fut le premier abbé. Dans le même temps à peu près, Wandrille jetait les fondements d'une autre abbaye célèbre, de l'abbaye de Saint-Wandrille ou de Fontenelle. « Comme ce saint personnage, dit Montalembert, Philibert fut recommandé par son père au roi Dagobert ; mais, à vingt ans, il quitta la cour et la vie militaire pour la vie claustrale. Comme lui aussi, et plus directement encore que lui, il fut imbu de l'esprit de saint Colomban, né en Irlande et fondateur d'une abbaye très célèbre, l'abbaye de Luxeuil. Comme lui, enfin, dès sa jeunesse il avait été lié avec saint Ouen, le puissant archevêque de

Rouen, et sa grande abbaye fut, comme celle de Fontenelle, dotée des bienfaits de Clovis II et de la reine Bathilde. »

Cette princesse, en effet, donna à Philibert de l'argent, des bois et des prairies qui lui facilitèrent la construction du monastère. Avec ses religieux, il travaillait au défrichement de la terre et les encourageait par son exemple. Comme Fontenelle encore, Jumièges fut bâtie sur le site d'un ancien château gallo-romain, que devait remplacer ce que les contemporains appelaient *le noble château de Dieu*.

« Les moines se livraient avec succès à la pêche des cétacés qui remontaient la Seine, et l'huile qu'ils en tiraient servait à éclairer leurs veilles. Ils équipaient aussi des navires, sur lesquels ils s'embarquaient pour aller au loin racheter les captifs et les esclaves, qui, sans doute, contribuaient en partie à grossir leur nombre, car sous le successeur de saint Philibert, vers la fin du septième siècle, on comptait neuf cents moines, plus quinze cents servants qui remplissaient l'office de frères convers. »

Ajoutons, avec M. l'abbé Cochet, que, « conformément à une coutume monastique, saint Philibert éleva trois églises : une au nord, à saint Denis et à saint Germain; une au midi, à saint Pierre, avec chapelle à saint Martin ; celle du milieu à Notre-Dame. Il construisit aussi un ensemble de bâtiments monastiques dont les dortoirs avaient deux cent quatre-vingt-dix pieds de long sur cinquante de large. Le tout était entouré de murs chaînés de petites tours. »

De retour à Jumièges, après en avoir été exilé pendant neuf ans pour avoir repris Ébroïn de ses débauches, saint Philibert s'en éloigna bientôt, pour aller fonder le monastère de Pavilly, près de Rouen; celui de Noirmoutiers, et, revenu à Jumièges, celui de Montivilliers. C'est à Noirmoutiers qu'il alla mourir, le 20 août 684.

A Aicadre (ou Achard), noble Poitevin, successeur de saint Philibert, se rattache une légende qui doit trouver naturellement place ici : « Se sentant à la veille de mourir, dit Montalembert, craignant qu'après sa mort les religieux ne tombassent dans les embûches du péché, Aicadre pria le Seigneur d'y pourvoir.

« La nuit suivante il vit un ange qui parcourait le dortoir des religieux ; cet ange en toucha quatre cent cinquante de la verge qu'il tenait, et promit à l'abbé que dans quatre jours ils quitteraient la vie et que, son tour venu, ils iraient au-devant de lui dans le ciel.

« L'abbé, ayant averti ses frères, les prépara à l'heureux voyage. Ils prirent ensemble le viatique, et vinrent ensuite tenir chapitre avec ceux des leurs que

L'ABBAYE DE JUMIÈGES

l'ange n'avait pas marqués. Chacun des élus se plaça entre deux de ces derniers, et tous entonnèrent ensemble les chants du triomphe.

« Bientôt la figure de ceux qui devaient mourir commença à resplendir, et, sans donner le moindre signe de douleur, les quatre cent cinquante passèrent de cette vie à l'autre : le premier cent à l'heure de tierce, le second à sexte, le troisième à none, le quatrième à vêpres, et les derniers à complies. (La chronique affirme, selon M. l'abbé Cochet, qu'ils furent inhumés dans des cercueils de pierre). Pendant huit jours on célébra leurs obsèques; et ceux qui leur survivaient pleuraient de n'avoir pas été jugés dignes de les suivre. »

Dans ce miracle, de l'authenticité duquel il est permis de douter, M. Deshayes (*Histoire de l'abbaye de Jumièges*) ne voit qu'une peste qui emporta la moitié des religieux. C'est fort possible; mais cette légende ne voilerait-elle pas plutôt un événement plus terrible encore, l'envahissement de l'abbaye, en 841, par les Normands, qui la pillèrent et y mirent le feu, après avoir massacré tous les moines qui ne s'étaient pas enfuis? Le *Martyrologe de France*, citant « neuf cents moines brûlés par les Danois païens au monastère de Jumièges », fait probablement allusion à ce fait. Disons en passant, d'après l'abbé Tougard, que l'un des moines s'enfuit jusqu'à l'abbaye de Saint-Gall.

Une autre légende beaucoup plus répandue, mais plus suspecte encore, est celle des *Énervés de Jumièges*. Dom Mabillon, bénédictin de la congrégation de Saint-Maur, l'un des hommes les plus savants de son ordre, la qualifiait de fabuleuse. Elle n'est effectivement citée dans aucun ancien auteur; mais, prétendent certaines chroniques, deux fils de Clovis II et de sainte Bathilde, pendant une absence de leur père, se révoltèrent contre leur mère. A cette nouvelle, Clovis accourut, étouffa la révolte et, pour punir les deux princes rebelles, leur fit couper, d'autres disent brûler les nerfs des jambes et des bras. Désormais privés de force et de vigueur, ils offraient à leurs parents un aspect lamentable. N'en pouvant plus supporter la vue, ils les mirent dans un petit bateau dépourvu d'agrès, laissant à la Providence le soin de les conduire. Ils descendirent ainsi le cours de la Seine depuis Paris jusqu'à Jumièges, où saint Philibert recueillit et guérit ces princes infortunés, qui se firent religieux et moururent à l'abbaye : voilà la légende. D'autre part, on sait qu'en 788 Tassillon, duc de Bavière, et Théodore, son fils aîné, vaincus par Charlemagne, furent mis par ce grand prince au nombre des clercs, puis exilés à Jumièges, où ils moururent. Ne serait-ce pas cet événement qui donna naissance à la légende des *Énervés de Jumièges*? C'est du moins ce que présument Mabillon et divers auteurs après lui.

Disons encore que saint Aicadre, s'il mourut (687) sans avoir laissé de traces dans l'histoire, laissa du moins une grande réputation de sainteté, et que les frénétiques et les fous, qui souvent l'invoquaient, assure-t-on, étaient guéris par son intercession.

Les lettres furent en honneur à Jumièges sous les premiers abbés : dom Rivet n'en fait aucun doute. On y écrivit les vies de saint Philibert, de saint Aicadre et de sainte Austreberte, qu'en quelques mots ici nous devons faire connaître. Elle naquit vers 630, sur le territoire de Thérouane, ancienne capitale de l'Artois. Badefroy, son père, était comte palatin, c'est-à-dire seigneur de la cour et l'un des premiers officiers de la maison de Dagobert Ier. Sa mère, nommée Bradechilde, était de la famille des rois allemands. Tous deux projetaient pour leur fille une union conforme à son rang ; mais Austreberte, remplie de l'amour de Dieu, se consacra à lui dans l'abbaye de Port. Le bruit de ses vertus ne tarda pas à se répandre, et saint Philibert, qui venait de fonder l'abbaye de Pavilly, fit de cette sainte religieuse la première abbesse de cette maison. Ce fut saint Ouen qui l'y installa.

Les rois de France tinrent à honneur de protéger l'abbaye de Jumièges. Pépin le Bref fit de l'abbé alors à la tête de ce monastère, son ambassadeur auprès des papes Étienne II et Paul Ier ; et Louis le Débonnaire, lorsqu'il régnait en Aquitaine, avait pour chapelain l'abbé de Jumièges.

C'est en 840 que, comme on l'a vu, le Danois Hasting pilla et ruina cette abbaye, dont il massacra sans pitié tous les religieux ; mais quoique ruinée, elle n'en conserva pas moins ses glorieux souvenirs et la vénération des fidèles.

Lorsque Rollon débarqua sur ce rivage avec ses compagnons, frappé de respect pour ces ruines, il les épargna, et quand enfin il fut maître de la Neustrie et eut reçu le baptême (912), il dota l'église de Saint-Aicadre, alors l'un des sanctuaires les plus célèbres de la Normandie. Ce ne fut toutefois que sous le valeureux fils de Rollon, Guillaume Longue-Épée, vers 941, que l'abbaye de Jumièges se releva de ses ruines, et voici comment :

« Il advint, dit Guillaume de Jumièges, que deux moines, Baudouin et Gondouin, revinrent du Cambrésis à Jumièges. Arrivés dans l'affreuse solitude de ce lieu, ils commencèrent avec des fatigues infinies à aplanir la terre selon leur pouvoir, en arrachant les arbres, et à s'épuiser ainsi par le travail de leurs mains.

« Or, le duc Guillaume Longue-Epée, survenant en ce lieu pour chasser, les y trouva et commença à s'enquérir d'eux, de quel pays ils étaient venus et quelle si grande construction ils prétendaient faire.

« Pour lors, les serviteurs de Dieu lui découvrirent par ordre toute la suite de leur entreprise, et lui offrirent la charité d'un pain d'orge et d'un peu d'eau. Méprisant cette eau et la grossièreté de ce pain, le duc refuse d'en user et entre dans la forêt. Il y trouve un sanglier énorme, qu'il commence aussitôt de poursuivre. L'animal, pressé par les chiens lancés après lui, se retourne, rompt le bois de la lance, d'un bond impétueux se précipite sur le duc, le renverse et le foule aux pieds en le blessant grièvement.

« Peu après le prince reprend ses sens et, mieux avisé, va retrouver les moines, reçoit d'eux la charité qu'il avait mal à propos refusée, et permet de restaurer le monastère. »

En effet, à peine de retour à Rouen, le duc envoya des ouvriers et de l'argent pour commencer les travaux. Ils furent promptement achevés ; « mais, ajoute l'abbé Tougard, les nouveaux bâtiments étaient loin d'égaler l'ancienne abbaye. »

Telle était la vénération qu'avait conçue Guillaume Longue-Épée pour l'abbaye, qu'il eut la pensée d'y entrer comme moine ; mais il n'en prit que l'habit, et racheta tous les biens de l'abbaye pour les lui restituer. Ce prince, ayant été assassiné traîtreusement par un comte de Flandre, en 943, dans une conférence que lui avait proposée ce seigneur, fut enterré à Jumièges.

« Mais de nouveau, l'année suivante, le monastère fut presque entièrement détruit par Raoul Tourte, nommé comte de Rouen. Les tours, heureusement, furent sauvées par un clerc nommé Clément, qui les racheta. Les lettres refleurirent avec éclat dans ce monastère dès qu'il fut sorti de ses ruines ; on date même de cette époque plusieurs manuscrits, qui existaient encore à Jumièges au dix-huitième siècle, et un poème latin de deux cents vers sur l'origine, la destruction et la restauration du monastère[1]. »

« Il existait alors, dit Deshayes, plusieurs écoles à Jumièges ; les unes intérieures, pour les moines ; les autres extérieures, pour les séculiers, qu'on admettait sans distinction de riches ou de pauvres. » On était en ce temps-là si zélé à Jumièges pour tout ce qui regardait l'instruction, qu'un service annuel y fut fondé à perpétuité pour les auteurs, les copistes et les donateurs de livres. C'est à Jumièges que fut en quelque sorte élevé Édouard le Confesseur, roi d'Angleterre. Harold vint y jurer sur les saintes reliques de remettre

---

[1]. L'abbé Tougard, *Jumièges*.

le royaume d'Angleterre aux mains de Guillaume le Bâtard, conformément à une promesse faite par Édouard ; mais, comme on sait, Harold viola son serment, fut vaincu et tué à Hastings (1066).

Vers 1080 florissait à l'abbaye le grand historien Guillaume de Jumièges, auteur d'une *Histoire des ducs normands* qu'il dédia à Guillaume le Conquérant. On y rencontre quelques erreurs grossières ; mais, en général, elle est écrite avec exactitude et même avec une certaine élégance. Malgré les désastres qui, à plusieurs reprises, ruinèrent le monastère de Jumièges, les moines ne cessèrent point de se montrer secourables ; aussi leur charité était-elle passée en proverbe, comme le témoigne ce dicton populaire : *Jumièges l'aumônier*.

« Au treizième siècle et au quatorzième, l'école de Jumièges était, dit M. l'abbé Tougard, pourvue de professeurs de philosophie, de logique et de grammaire. Sa bibliothèque passait pour une des plus riches de France ; mais la guerre de Cent ans fut fatale à l'abbaye. Deux fois pillée et détruite dans ces temps malheureux, en 1358 et en 1415, elle survécut pourtant à ces désastres ; mais, hélas, aveuglé sans doute par les préjugés, et peut-être aussi gagné par les Anglais, un abbé de Jumièges, Nicolas Leroux, se couvrit de honte en prenant part à la condamnation de l'héroïne Jeanne d'Arc. Une cruelle maladie, regardée comme une juste punition du ciel, l'emporta l'année suivante. »

Plusieurs rois et autres personnages de haut rang ont honoré l'abbaye de Jumièges de leur visite : le roi Charles V, au mois d'août 1369, avait séjourné quelques jours à Jumièges ; Charles VII y vint en 1450, après la reprise d'Harfleur. L'abbaye de Jumièges fut aussi visitée par Marguerite d'Anjou, reine d'Angleterre, qu'ont illustrée son courage et ses malheurs, et par Jean-Casimir, roi de Pologne (1520). Aux abbés déjà cités ajoutons Robert de Jumièges, qui fut un instant évêque de Cantorbéry, et Claude de Saint-Simon, parent du célèbre écrivain, mais qui laissa un souvenir peu sympathique.

En résumé, l'abbaye de Jumièges, pillée, dévastée par les Normands, et néanmoins sortie plus florissante de ses ruines, devait, à plusieurs reprises encore, souffrir beaucoup de la guerre étrangère, des guerres religieuses et de la peste, lorsque, déjà partiellement détruite, elle disparut enfin dans la tourmente révolutionnaire, après avoir été gouvernée par quatre-vingt-deux abbés qui avaient le droit de porter la mitre, l'anneau pastoral, la crosse, et de bénir le peuple.

« De cette célèbre abbaye, dit l'abbé Tougard, il ne reste plus aujourd'hui que des ruines ; mais ces ruines, admirablement conservées par M. Casimir Caumont, consistent en deux belles tours de cinquante-deux mètres, offrant avec l'ensemble des autres constructions à demi détruites un aspect d'une incomparable majesté. Les arbres, qui ont grandi au milieu des toits effondrés et des murs lézardés ou en partie écroulés, ajoutent au tableau un pittoresque, une grandeur et un charme indéfinissables.

« A partir du dixième siècle au dix-septième, l'art s'y trouve représenté à toutes époques. Le portail de la vaste église Notre-Dame (onzième siècle et douzième) est simple et sévère ; la masse imposante des tours et leurs proportions hardies étonnent l'imagination. La voûte de la grande nef est entièrement tombée ; les murs, profondément ébréchés par le temps, sont couronnés çà et là d'herbes, de plantes grimpantes et même de petits arbres. L'ogive s'y marie au plein cintre. Les nefs latérales, moins endommagées et encore voûtées, sont décorées de peintures murales ; on y distingue un Daniel à peu près intact. La tour centrale est abattue, à la réserve du mur occidental de la lanterne, lequel est flanqué d'une tourelle.

« Tout le reste de l'église a été détruit ; seuls, des tronçons de colonnes et des fragments de murailles, perçant à peine au-dessus de la verdure, marquent l'emplacement du chœur, avec ses chapelles latérales, et celui de la chapelle de la Sainte-Vierge. Dans l'église de Saint-Pierre (dixième siècle et quatorzième), beaucoup moins grande que la précédente, on remarque au premier étage une première pièce dite *Chambre de saint Philibert*. La salle capitulaire (huitième siècle), située entre les deux églises, contient des tombeaux entr'ouverts et des cercueils en pierre. Dans la salle des Gardes de Charles VI (douzième siècle et treizième), également en ruines, on voit les débris de l'horloge de l'abbaye. Près de prétendues oubliettes se trouve aussi une salle de l'Inquisition. »

Deux arcades ogivales de dimension inégale donnent accès dans un couloir voûté, sorte de musée lapidaire où sont rangés avec goût des chapiteaux, des sculptures, des dalles tumulaires, des clefs de voûte, des colonnes du quinzième siècle. Les deux statues des *Énervés* font aussi partie de la collection que l'on trouve à Jumièges

CATHÉDRALE DE BAYEUX

(Calvados)

Baiocæ, capitale des *Bajocasses*, *civitas Bajocassium*, aujourd'hui Bayeux, était incontestablement l'une des plus anciennes villes des Gaules. On la nommait aussi *Aregenus*, de la rivière d'Aure qui l'arrose; elle était très florissante sous les Romains. Les druides y avaient autrefois, au mont *Phannus* ou *Phœnus*, depuis, *mont des Temples*, une école célèbre.

Vers la fin du quatrième siècle (c'est au moins l'opinion la plus probable), saint Exupère, appelé quelquefois *Spire* ou *Suspirius*, Romain de naissance, selon quelques-uns, vint prêcher l'Évangile dans la Neustrie, depuis Normandie, après que, sous la conduite de Rollon, les Normands eurent conquis cette belle province.

Saint Exupère fonda l'Église de Bayeux, dont il fut le premier évêque; mais il y a peu de chose à dire sur ce saint personnage : l'histoire de ses reliques est plus connue que celle de son épiscopat. Ensevelies d'abord sur le mont Phœnus, elles furent transportées dans la cathédrale de Bayeux lors de l'invasion normande (850), et de là à Corbeil, où un chapitre fut créé pour desservir une église fondée en l'honneur du saint. Mais il faut reconnaître que le christianisme ne s'introduisit pas facilement à Bayeux, dont l'Église, après la mort d'Exupère, fut gouvernée par saint Rufinien. Ses successeurs, saint Leu ou saint Loup et saint Patrice, continuèrent l'œuvre apostolique de saint Exupère.

Les habitants les plus considérables de Bayeux, que cet apôtre eut le bonheur de convertir, furent Ragnobert et Zénon. De ces deux saints disciples, le premier donna au nouvel évêque l'emplacement de sa maison. On y construisit d'abord un oratoire dédié à la sainte Vierge, et plus tard l'église cathédrale de Notre-Dame. Quant à la chapelle de la Délivrande, près de Caen, pendant plusieurs siècles lieu célèbre de pèlerinage, il nous paraît douteux qu'elle soit due à Ragnobert, auquel on l'attribue également, car l'idolâtrie se maintint longtemps sur le mont Phannus, à la porte même de la cité, dont ni saint Ragnobert ni saint Rufinien ne purent l'expulser.

Le paganisme ne fut extirpé de ce sol, dans lequel il s'était profondément enraciné, qu'au sixième siècle. L'évêque saint Vigor détruisit le temple qui occupait le mont Phannus, et sur ses ruines fonda plusieurs églises et un prieuré dédié à saint Pierre. On appela *mont Christmat* ou *mont des Églises* ce lieu choisi pour administrer solennellement aux chrétiens le baptême aux fêtes de Pâques et de la Pentecôte. Plus tard, le monastère de Saint-Pierre prit, en mémoire de son fondateur, dont il recueillit la dépouille mortelle, le nom de Saint-Vigor.

Mais, vers 1046, la ville, presque entièrement construite en bois, fut détruite par un incendie; cathédrale, églises, monastères, maisons, tout devint la proie des flammes, et du nouveau faubourg, qui s'était formé autour de Saint-Vigor, il ne resta plus qu'un monceau de ruines. Loin de se décourager, les Bayeusais se remirent à l'œuvre avec ardeur, et en quelques années la cité fut rebâtie; les faubourgs aussi se relevèrent, moins celui de Saint-Vigor. Sans doute, dans cette œuvre de reconstruction générale, les églises avaient été relevées de leurs ruines avec plus d'empressement et de piété que de goût et de soin; mais, grâce à la munificence de l'évêque Hugues, la cathédrale sortit des flammes plus majestueuse qu'auparavant. Les belles arcades de la nef, dont il sera parlé plus loin, prouvent le goût qu'il y apporta.

Hugues eut pour successeur Odon de Courteville, frère utérin de Guillaume le Bâtard (1049) et presque aussi fameux que lui dans le moyen âge. Il posséda quelques-unes des qualités du conquérant de l'Angleterre; mais il eut aussi son astuce, son orgueil et son ambition. Odon ne négligea pas cependant pour cela sa ville épiscopale, dont, avec l'aide de son frère, le duc Guillaume, il agrandit la cathédrale et poursuivit activement la reconstruction. A ses frais aussi, et sur un plan plus vaste, fut rebâti le monastère de Saint-Vigor. Vers 1065, il y installa des moines du Mont-Saint-Michel [1], auxquels il donna pour abbé Robert de Tombelaine, religieux dont la science égalait la piété.

Quoiqu'il n'eût pas lui-même toujours mené une vie irréprochable, Odon, plus sévère pour son clergé, en exigea néanmoins l'exemple des bonnes mœurs. Il aima les lettres persque autant que les arts. Par ses soins, en

---

[1]. Petite île et bourg dans la baie de Cancale.

1077 fut achevée la cathédrale de Bayeux, que le duc Rollon, à l'occasion

CATHÉDRALE DE BAYEUX

de son baptême, avait déjà richement dotée et que le duc Guillaume enrichit encore d'une baronnie. Cette même année, selon Ordéric Vital[1], ou l'année

[1]. Chroniqueur anglo-normand du douzième siècle.

suivante, d'après une charte de l'église, on en fit la dédicace, et Odon donna à la consécration de son église épiscopale un éclat extraordinaire. Guillaume le Conquérant, la reine Mathilde, leurs deux enfants, Guillaume et Robert, et les plus illustres seigneurs de Normandie assistèrent à cette solennité. On y vit aussi les archevêques de Cantorbéry et d'York, Lanfranc et Thomas ; Jean, archevêque de Rouen, qui bénit la nouvelle église, et d'autres encore. Enfin, pour que la richesse de la décoration de Notre-Dame fût en harmonie avec la grandeur de son architecture, Odon n'épargna pas la dépense. Mais, comme on l'a vu, cet évêque était peu scrupuleux ; aussi ne craignit-il pas de bénir l'union du roi de France, Philippe Ier, avec Bertrade, femme de Foulques le Réchin, comte d'Anjou. Cet acte de complaisance lui valut, il est vrai, les revenus des églises de Mantes, mais attira sur sa tête les foudres de l'excommunication. Réconcilié bientôt avec Rome, il assista au concile de Clermont, où le pape Urbain II prêcha la croisade (1095). Odon partit l'année suivante, avec son neveu Robert Courte-Heuse, pour la terre sainte ; mais il avait à peine accompli la moitié de ce long pèlerinage qu'il mourut, en Sicile, au mois de février 1097. Le comte Roger lui fit élever un tombeau dans la cathédrale de Palerme. De tous les biens qu'il avait possédés ou ambitionnés, il ne lui resta pas même sa sépulture de son prieuré de Saint-Vigor de Bayeux. Ce riche monastère a disparu, comme le sanctuaire druidique sur les ruines duquel il avait été élevé par les premiers chrétiens. En 1105, la cathédrale de Bayeux eut sans doute beaucoup à souffrir d'un incendie qui y éclata, mais aucun procès-verbal ne constate l'étendue du dommage qu'il lui causa.

Elle fut restaurée, embellie et considérablement augmentée dans la seconde moitié du douzième siècle. L'évêque Philippe d'Harcourt, dont la nomination date de l'année 1159, et Henri II, qui lui succéda en 1165, menèrent à bonne fin ces importants travaux. Le moyen âge a été pour l'église de Bayeux une époque de grandeur. Le chapitre de la cathédrale, dans lequel on compta, outre le grand pénitencier, onze dignités et quarante-neuf canonicats et prébendes, était un des plus riches de France. Si l'un des chanoines manquait l'heure du lever pour chanter vigile ou matines, les habitués de l'église, avec la croix, la bannière et le bénitier, se rendaient processionnellement à son logis en forme de réprimande. De là peut-être vient cette locution proverbiale appliquée à tout retardataire, *qu'il faut l'aller chercher avec la croix et la bannière.*

Dans la cathédrale de Bayeux s'était introduit un usage plus bizarre encore que celui de la cathédrale de Rouen : un enfant, appelé le *petit évêque*, y disait l'office avec crosse et mitre le jour des Innocents. Cette cérémonie burlesque fut abolie dans le seizième siècle. Les guerres religieuses du même temps firent courir à la cathédrale les plus grands dangers; les tombeaux des évêques qui y étaient inhumés furent violés; un prêche y fut installé ; mais le chef calviniste Romillé s'opposa à ce que ses coreligionnaires le détruisissent. En 1600, Henri IV, pour récompenser Arnaud, depuis cardinal d'Ossat, des éminents services qu'il lui avait rendus en négociant l'affaire de l'absolution avec la cour de Rome, lui donna le siège de Bayeux, évêché que d'ailleurs résigna le cardinal quelques années après. Il eut pour successeurs, dans la première moitié de ce siècle, Jacques d'Angennes, Édouard Molé et François Servien, dont l'épiscopat fut marqué par de nombreuses fondations religeuses (1606-1659). Malheureusement, au temps des troubles révolutionnaires, la plupart des monuments religieux tombèrent sous le marteau des démolisseurs ou changèrent de dénomination ; mais au milieu de ces églises, dont les murs croulaient de toutes parts, la cathédrale resta debout et à peu près intacte.

La tapisserie sur laquelle la reine Mathilde, femme de Guillaume le Conquérant, retraça en cinquante-sept scènes différentes la conquête de l'Angleterre par son mari, resta la propriété de Notre-Dame jusqu'à la fin du dix-huitième siècle. Au-dessus de chacune de ces scènes est une inscription latine. Les Anglais nous enviaient tellement ce tableau fait à l'aiguille, que l'un d'eux l'appellait avec raison *relique sans pareille*. Aujourd'hui c'est dans la Bibliothèque qu'est conservé ce travail précieux, noble monument du moyen âge.

Pour mieux faire connaître ce superbe édifice, faisons quelques emprunts à la belle description que, avec la magie habituelle de sa plume, en donne Théophile Gautier :

« La cathédrale de Bayeux, dit-il, rangée parmi les monuments historiques, doit être mise aussi, pour ses beautés architecturales ou artistiques, au nombre des plus beaux monuments gothiques de la Normandie. Détruite en 1046 (comme on l'a vu plus haut) par un incendie général, mais reconstruite en grande partie du onzième au douzième siècle, elle ne fut achevée que dans le quatorzième ou peut-être même seulement que dans le quinzième. Aussi a-t-elle emprunté quelque chose à chacun des trois styles de l'architecture religieuse, sans que leur rapprochement offre rien de disparate à la vue. »

Cette belle basilique a cent deux mètres de longueur, trente-sept de largeur au transept, et vingt-deux à vingt-cinq mètres de hauteur sous la clef de voûte.

« La façade principale a cinq porches, dont trois à portes ouvragées. En dessous du porche central s'ouvre une grande fenêtre ogivale à balcon tréflé, puis une galerie à cinq arcades dont les pieds-droits portent chacun deux statues avec dais sculptés à jour. Les statuettes des porches latéraux représentent la Passion et le Jugement dernier. Le portail latéral, du côté de l'évêché, est un chef-d'œuvre où les lignes délicates, les dessins gracieux, sont combinés avec une harmonieuse profusion. Deux tours romanes à flèches pyramidales en pierre de soixante-quinze mètres de hauteur surmontent cette façade. Entre ces deux flèches s'élève, à l'arrière-plan, sur le transept, la haute tour de l'horloge, avec sa belle coupole moderne et sa lanterne à jour. Deux clochetons aigus, posés aux deux côtés de l'abside, et la tour octogone, avec ses riches ciselures, qui s'élève, comme la fameuse tour de Burgos, au-dessus de la rencontre de la grande nef avec le bras de la croix, complètent la riche décoration extérieure de l'édifice. » Une cour, voisine des porches latéraux, est ombragée d'immenses platanes : ce sont les arbres de la liberté plantés en 1793 ; ils décorent aujourd'hui la porte d'une prison.

A l'intérieur, la cathédrale présente la forme d'une croix latine : autour s'ouvrent vingt-deux chapelles, dont la plus belle est celle de la Sainte-Vierge, originairement dédiée à la sainte Croix. « On y admire surtout les litanies de la Vierge sculptées comme les arbres généalogiques du Christ en Espagne. Au sommet, le Père éternel, dans une auréole radieuse, déploie une banderole où se lit l'inscription : *Gloriosa dicta sunt de te*. Dans le cadre figurent les patriarches, les prophètes et les rois ; et, dans le champ du tableau, les litanies en relief, comme des armes parlantes : le soleil levant, l'échelle de Jacob, la porte du ciel, l'arche d'alliance, l'étoile de la mer, l'arbre de la vie, la racine de Jessé, la rose sans épines, le temple de Salomon, la tour de David, le puits d'eau vive, le miroir sans tache, le vase d'encens, la toison de Josué, la fontaine des grâces, la ville céleste, et toutes ces délicieuses épithètes, ivres d'amour et de foi, que le fidèle balance devant la Vierge sur un rythme monotone comme un encensoir rempli de parfums du sir Hasrim. »

On ne se lasse pas de contempler la nef principale, avec ses arcades romano-byzantines et ses archivoltes si merveilleusement travaillées ; les larges et majestueuses proportions du transept, qu'éclairent de grandes et magnifiques fenêtres, et l'abside, dont les galeries, enchâssées les unes dans les autres, sont d'une incomparable beauté.

Le chœur est un des plus beaux spécimens de l'architecture du treizième siècle. Il est entouré à l'extérieur de clochetons et d'arcs-boutants. Mais si le chœur est gothique, la nef est romane ; les arcades s'arrondissent en plein cintre. « Entre les archivoltes [1], des médaillons en ronde bosse reproduisent les bestiaires du moyen âge comme les parois de la cassette de saint Louis : dragons adossés et affrontés, panthères mettant une hydre en fuite, chasseur domptant un lion, etc., emblèmes des triomphes de la foi sur l'incrédulité et de la vertu sur le vice.

« Une des arcades est entourée d'un cordon de têtes, ou plutôt de masques qui semblent, pour la fantaisie extravagante et la laideur monstrueuse, être copiés sur des idoles mexicaines ou des manitous de la Papouasie. Ce sont des faces décharnées ou bouffies, des hures, des groins que retroussent des crocs, des yeux caves ou en saillie, des bouches à triple rang de dents ; des singes, des diables, des chimères, d'atroces caricatures ; tout cela coiffé de cornes, de fleurons, de plumes, d'aigrettes du goût le plus baroque. On reconnaît la personnification des péchés à la place même de ces hideux mascarons en face de la chaire. »

On ne se lasse pas de contempler cette nef avec ses arcades romano-byzantines et ses archivoltes, comme on vient de le voir, si merveilleusement travaillées ; les larges fenêtres et l'abside, dont les galeries, enchâssées les unes dans les autres, sont d'une grande beauté. Plusieurs des contreforts de l'église sont surmontés de statues ; la base des toits est garnie d'une balustrade en pierre des treizième et quatorzième siècles. Il ne reste plus que cinquante-deux stalles en chêne sculpté des cent quatre qui ornaient autrefois le chœur, dont les voûtes attirent l'attention par les bustes de plusieurs évêques et quelques peintures murales curieuses : elles semblent appartenir à deux époques différentes, au quinzième siècle et au seizième. Des anciens vitraux il ne subsiste qu'une magnifique verrière du quinzième siècle et quelques fragments réunis dans une fenêtre de l'abside. L'église a aussi conservé des pierres tumulaires intéressantes.

Sous le sanctuaire et sous une partie du chœur s'étend une crypte du plus pur roman ; elle date des huitième, neuvième et onzième siècles. C'est là qu'on enterre les évêques de Bayeux. Longtemps ignorée du clergé de la cathé-

---

1. Théophile Gautier.

drale, son existence lui fut révélée par des fossoyeurs qui creusaient le tombeau de l'évêque Jean de Boissey (1412). « Jamais, dit encore Théophile Gautier, architecture ne fut significativement plus sépulcrale et n'invita mieux à se coucher en long sur une pierre, à l'ombre des voûtes basses, jusqu'à l'appel de la trompette suprême. »

Pour terminer, ajoutons qu'une des chapelles contient un magnifique retable en pierre, curieux spécimen de la sculpture polychrome; la sacristie, dont les peintures sont presque effacées, date du treizième siècle. La salle capitulaire (treizième siècle et quatorzième) offre un pavage émaillé d'un effet remarquable ; on y montre une cassette enveloppée de vieux damas, renfermant la chasuble de saint Ragnobert; une cassette d'ivoire avec des coins, des ferrures et des incrustations d'argent; « un chef-d'œuvre, une merveille venant du trésor d'Haroun-al-Raschid pour le moins. Des paons adossés, affrontés, déployant leurs queues, scellés à travers des feuillages mats ou brunis, forment le système de l'ornementation. Les plaques d'ivoire, d'une grandeur extraordinaire, ont dû être sciées en spirale dans les défenses des plus gros éléphants. Toute la richesse du goût oriental le plus pur brille dans ce joyau, écrin d'une relique. » En l'examinant de près on découvre sur la garde de la serrure une inscription arabe et le nom d'Allah: « Au nom du Dieu clément et miséricordieux, bénédiction complète et grâce générale! » Comment est venue dans la cathédrale de Bayeux cette cassette de calife servant de reliquaire? Par les croisades! S'il faut en croire la tradition, elle aurait été donnée par la reine Mathilde [1].

La cathédrale de Bayeux est-elle en tous points parfaite? Ne donne-t-elle aucune prise à la critique? Peut-être peut-on lui reprocher la lourdeur des voussures du portail, le défaut trop apparent d'harmonie entre le vaisseau gothique du bâtiment et la nouvelle coupole de la tour de l'horloge, l'ouverture insuffisante des jours de l'abside, le mauvais effet du jubé massif placé à l'entrée du chœur, où il coupe la perspective de la manière la plus désagréable; peut-être enfin doit-on lui reprocher la médiocrité des peintures sur verre enchâssées dans les meneaux des fenêtres; mais ces imperfections disparaissent dans la grandeur et la beauté de l'ensemble de ce magnifique édifice.

Mais, hélas! les années n'épargnent rien, pas même les plus belles choses, et la splendide cathédrale de Bayeux, dégradée par le temps, menaçait ruine! On s'en inquiéta, et M. Eugène Flachat, architecte distingué, déjà connu par

---

1. Extrait du *Musée des familles*, 1861, p. 273.

ses travaux remarquables, fut, en 1854, envoyé sur les lieux pour examiner cet édifice, à peu près condamné. Après un examen sérieux, M. Flachat entreprit de le sauver, et, en trois ans, de 1855 à 1858, les fondations, les piliers et les murs furent repris en sous-œuvre d'un bout à l'autre, et du haut en bas, sans qu'un pareil travail ébranlât le fantastique équilibre des étais qui soutenaient en l'air l'immense édifice. Au dénouement enfin, la gigantesque tour, soulevée de sa base séculaire, redescendit intacte à sa place et se rassit sur sa base; désormais inébranlable, le tout sans la moindre atteinte aux ciselures les plus fines, aux vitraux les plus délicats. »

Ne sortons pas de Bayeux sans dire que cette ville a vu naître, vers 1386, le célèbre Alain Chartier, secrétaire des rois Charles VI et Charles VII, surnommé de son temps *le Père de l'éloquence française*. Saint-Gelais l'appelle : « haut scientifique poète »,

> Doux en ses faicts et plein de rhétorique,
> Clerc excellent, orateur magnifique.

On sait que Marguerite d'Écosse, femme du dauphin, qui fut depuis Louis XI, le trouvant un jour endormi dans une galerie, déposa un baiser sur sa bouche. Les seigneurs de sa suite s'étonnant qu'elle fît tant d'honneur à un homme aussi laid : « Ce n'est point, dit la princesse, à l'homme que j'ai donné ce baiser, mais à la bouche qui a prononcé tant de belles choses. »

NOTRE-DAME DE GRACE

A HONFLEUR (Seine-Inférieure)

En amphithéâtre au pied de charmantes collines, sur la rive gauche de la Seine, à l'embouchure de ce fleuve dans la Manche, en face du Havre et en regard d'Harfleur, se dresse une intéressante petite ville : c'est Honfleur. Très florissante autrefois, elle est bien déchue de son importance depuis la fondation du Havre. Jusqu'à la fin du onzième siècle, Honfleur ne fut qu'une bourgade avec une église sous l'invocation de sainte Catherine ; mais dès le siècle suivant, cette bourgade prit une certaine importance, et lorsque (1204) les habitants firent leur soumission à Philippe-Auguste, elle ne comptait pas moins de trois églises nouvelles, savoir : Saint-Étienne des Prés, Notre-Dame des Vases et Saint-Léonard des Champs. Les bourgeois se constituèrent en commune au treizième siècle ; mais en quelle année et sous quel roi? On l'ignore absolument. Honfleur figure dans les guerres que la France soutint contre l'Angleterre aux quatorzième et quinzième siècles; prise et pillée par Édouard III, en 1346, cette petite ville fut de nouveau assiégée par le comte de Salisbury, en 1418, et resta au pouvoir des Anglais jusqu'au 18 février 1450. Ce jour-là ils rendirent la place au roi de France Charles VII. Depuis cette époque, et pendant l'espace d'un siècle environ, cette malheureuse cité put enfin vivre en paix et réparer le mal que les Anglais lui avaient causé; mais les guerres de religion la désolèrent de nouveau : de 1562 à 1594, elle fut prise tour à tour par les huguenots, les catholiques, les Ligueurs et les gens du roi. Enfin, la paix de Vervins permit à cette malheureuse cité, aux trois quarts détruite, de se relever de ses ruines, et aussi à ses marins de recommencer leurs aventureuses expéditions et d'aller fonder des établissements au Canada, à Java, à Sumatra, etc.

Les édifices publics de cette ville sont curieux par les bizarreries de leur vieille architecture, mais elle n'a plus actuellement que deux églises, Sainte-Catherine et Saint-Léonard. Ce qui reste de l'ancienne petite église Saint-Étienne employée aujourd'hui comme entrepôt, prouve qu'elle appartenait à la dernière période ogivale.

L'église Sainte-Catherine offre au savant et à l'archéologue un intérêt tout particulier. Elle est presque entièrement construite en bois, dans le style flamboyant; la plus ancienne de ses deux nefs doit dater de la fin du quinzième siècle. Elles sont parallèles et flanquées de bas côtés. On y remarque un bel autel à grand retable, style Louis XIV, quelques vieilles statues, des panneaux de la Renaissance, avec figurines encastrées dans de petites arcatures, et des tableaux de prix : un *Portement de Croix*, par Erasme Quellin, élève de Rubens, et un Jordaëns, *Jésus au jardin des Oliviers*. Au-dessus du sanctuaire est une tourelle carrée, terminée en dôme et surmontée d'une lanterne à jour. La façade de Sainte-Catherine a été maladroitement restaurée et entièrement défigurée par un péristyle grec. On voit encore, incrustés dans les murs de la sacristie, deux boulets qui ont été lancés pendant le siège qu'elle soutint en 1594. En 1869, cet édifice a été classé parmi les monuments historiques.

L'église Saint-Léonard est du dix-septième siècle et sa tour octogonale en pierre du dix-huitième; mais son beau portail en style ogival tertiaire, la rose qui s'élève au-dessus et la nef remontent au quinzième siècle. Le maître-autel est surmonté d'un baldaquin à colonnes corinthiennes. On voit dans cette église un lutrin en cuivre jaune. Ce n'est cependant pas à ces églises, certainement dignes d'intérêt, que la petite ville de Honfleur doit aujourd'hui sa renommée, mais à Notre-Dame de Grâce, petite chapelle qui en est distante d'un kilomètre environ. Objet d'un culte particulier de la part des marins, Notre-Dame de Grâce s'élève sur une colline qui domine la ville presque à pic. Elle fut fondée par le duc de Normandie Robert le Magnifique, appelé aussi Robert le Diable, père de Guillaume le Conquérant, et voici à quelle occasion :

Son père, Richard III, avait conçu le projet de faire rendre au fils d'Éthelred le trône d'Angleterre que Knut ou Canut, roi de Danemark, avait usurpé. Pour réaliser ce projet, Robert le Magnifique fit armer, en 1034, une flotte qui partit de Fécamp. Tout d'abord alla bien; mais, au milieu de la Manche, il fut assailli tout à coup par une tempête horrible, qui lui fit courir les plus grands dangers. Il fit vœu alors, s'il y échappait, de fonder sur les terres de son obéissance trois chapelles dédiées à Marie. O miracle ! à peine le duc

Robert a-t-il prononcé ce vœu que les vents se calment, et la mer s'apaise. Il en profite pour débarquer à Guernesey et de là repasser sur le continent.

NOTRE-DAME DE GRACE

Rentré sain et sauf dans ses États, il n'oublia pas sa promesse, et choisit, pour son premier accomplissement, le cap qui domine Honfleur. Ce fut là que s'éleva, en l'honneur de Marie, mère du Sauveur, la chapelle de Notre-Dame de Grâce (1034), dont cette côte garde encore aujourd'hui le nom.

Cette chapelle, qu'avait élevée le duc Robert le Magnifique, resta debout cinq cents ans; mais, un jour d'ouragan (1538), elle s'écroula avec tout un pan de la montagne, et quand, le lendemain, les fidèles y accoururent, ils ne trouvèrent plus qu'un autel et une statue de Marie, qui furent le noyau d'un nouveau temple solennellement inauguré en 1606.

On y arrive en parcourant un chemin en corniche, rendu praticable aux voitures par des travaux récents. Sur la gauche de la route, en montant, et dans toute son étendue, règne un bois étagé, tandis que, sur la droite, à mi-côte, le regard plonge sur la mer.

Bientôt on découvre les phares de la Hève et la ville du Havre. A quelques pas plus loin on n'aperçoit que l'infini des cieux et des eaux.

Au sommet de la colline s'élève un christ gigantesque au pied duquel, du côté de la mer, se termine le plateau de Grâce. Depuis 1606, augmentée et embellie d'année en année, Notre-Dame de Grâce est aujourd'hui dans toute sa splendeur, la reine du pays et du paysage, le point de ralliement des navires du monde entier, le rendez-vous des matelots et des pêcheurs, qui croient encore à l'Étoile de la mer. Le plateau de Grâce est, sans contredit, un des sites les plus imposants et les plus délicieux de la France. D'antiques ormeaux ombragent la petite chapelle de Notre-Dame de Grâce. Sa construction est des plus simples, l'architecture n'y a pas déployé ses merveilles, mais elle a son genre de beauté, preuve de la foi touchante de la population maritime envers Marie. Les voûtes, les piliers, les murailles, sont chargés des offrandes et de petits modèles de vaisseaux, *ex-voto* des marins, qui, comme autrefois le fondateur de cette pieuse chapelle, menacés sur mer d'être engloutis par la tempête, ont imploré la protection de la mère de Jésus. Cette pensée religieuse, écrite avec quelques pierres, en forme de croix, au milieu de tant de grands souvenirs historiques, devant les magnificences et les périls de la terre et de l'Océan, a inspiré à M. Paul Delasalle les strophes suivantes :

> La mer bouillonne et gronde autour de la chapelle,
>   Vierge de grâce et de bonté;
> Le marin en péril te supplie et t'appelle
>   Pour fléchir un Ciel irrité.
> Ces hommes durs et fiers, mûris dans les tempêtes,
>   Ces pilotes noirs et velus,
> Ôtent le lourd bonnet qui pèse sur leurs têtes,
>   Et viennent t'adorer pieds nus!
>
> Puis, quand ta blanche main a touché leur main brune,
>   Quand ta bouche leur a souri,

Ils retournent gaîment rêver au clair de lune,
  Couchés sous leur mât favori,
Sûrs que la voix de Dieu qui commande aux nuages
  Se fera l'écho de ta voix,
Et qu'ils pourront bientôt, sur leurs fécondes plages,
  S'embrasser encore une fois.
. . . .

Et moi, moi, je t'ai dit que les cris d'un naufrage
  Et les plaintes d'un mutilé
N'accusent point, hélas ! dans leur poignant langage
  Les seuls maux d'un monde ébranlé.

Je t'ai dit que les cœurs ont aussi leurs murmures,
  Leurs grondements secrets et sourds,
Leurs épanouissements entachés de souillures,
  Leur écume et leurs mauvais jours.
. . . .
Puis je t'ai demandé, patronne des rivages,
  Vierge de toutes les douleurs,
Si tu pouvais aussi dissiper les orages
  Qui grondent dans le fond des cœurs.

Rien de plus édifiant que de voir, le dimanche, avec quelle ferveur, dans cette petite chapelle éclairée de mille cierges et ornée de fleurs, prie la foule ! Rien ne va plus à l'âme, ne la pénètre davantage que d'entendre les chants religieux mêlés au bruit des vagues et de la mer !

C'est à ce pèlerinage, le premier et le dernier de la saison de Trouville, pèlerinage très fréquenté, que le petit port de Honfleur doit aujourd'hui sa principale renommée.

CATHÉDRALE D'AMIENS

(Somme)

La plus grande partie du territoire compris de nos jours dans le département de la Somme formait, avant l'invasion romaine, la patrie des *Ambiani*, l'un des peuples les plus éminents de la Gaule-Belgique, *Ambiani urbs inter alias eminens*, dit Ammien-Marcellin. Ils avaient pour capitale *Samarobriva*, ainsi nommée d'un pont (*briva*, en langue celtique) jeté en cet endroit sur la Somme (*Samara*). *Samarobriva* est aujourd'hui Amiens.

Sous la domination romaine, Ambiani prit de l'extension, et le séjour qu'y firent Antonin, qui dédia cette ville aux dieux; Marc-Aurèle, qui l'embellit; Constantin, qui la repeupla; Julien qui, proclamé d'abord à Lutèce, reçut de nouveau à Amiens le titre d'empereur, et Valentinien, qui y proclama Auguste son fils Gratien, témoigne de son importance, laquelle, dit encore Ammien-Marcellin, avait atteint déjà son apogée sous les empereurs Antonin le Pieux et Marc-Aurèle. Mais, en 409, Gépides, Hérules, Vandales et Alains, ayant pénétré dans les Gaules, saccagèrent la capitale des Ambiani, et temples, palais, édifices fastueux, furent livrés aux flammes et au pillage; aussi, quand les Francs, vers 420, s'établirent dans la Gaule Belgique, Amiens ne leur offrit qu'un monceau de ruines. Néanmoins, à l'imitation des empereurs romains que nous venons de nommer, c'est à Amiens que les premiers chefs francs, Clodion et Mérovée, se firent proclamer; mais Clovis, en faisant de Soissons sa capitale, diminua l'importance d'Amiens, dont l'histoire, jusqu'au règne de Charles le Chauve, reste assez obscure.

Mais un fait considérable, vers la fin du troisième siècle, s'était accompli à Amiens : le christianisme y avait pénétré et s'y était établi par les soins de saint Firmin, disciple d'un autre apôtre de la Gaule, saint Saturnin, évêque de Toulouse. Dans le temps que ce grand saint évangélisait la Navarre, il y avait à Pampelune un homme d'une naissance illustre et d'une vie irréprochable : il s'appelait Firmius. Sa femme, nommée Eugénie, l'égalait par l'éclat de l'origine, par ses qualités morales et par la richesse de ses biens patrimoniaux. Mais tous deux étaient idolâtres ; saint Saturnin les convertit, baptisa leur fils Firmin et l'instruisit à la fois dans la science des lettres et dans celle de la religion chrétienne. Firmin, jeune encore, mérita par sa haute piété d'être consacré évêque de Pampelune; c'est du moins ce que dit la tradition navarraise; mais il ne fut, à proprement parler, qu'évêque régionnaire. Quant au diocèse d'Amiens, s'il regarde saint Firmin comme son premier pontife, c'est parce que ce fut là que ce saint versa son sang pour la cause du Christ. En effet, à la nouvelle des nombreuses conversions qu'opérait ce saint prélat, Sebastianus Valerius, de Trèves, où il résidait en qualité de gouverneur de la Belgique Ire, accourut à Amiens, et fit trancher la tête à Firmin, qui, en sa présence et sans s'intimider de ses menaces, avait osé confesser hautement sa foi dans le Christ. C'est dans la première moitié du troisième siècle environ que doit être placé le martyre de saint Firmin.

Alors successivement s'élevèrent à Amiens, à la place des temples païens, des églises chrétiennes. Tel fut le *petit oratoire* érigé par de pieuses filles (506) en l'honneur de saint Martin, sur l'emplacement de la porte aux Jumeaux, ainsi nommée, croit-on, d'un bas-relief représentant Romulus et Rémus allaités par une louve; cette porte s'ouvrait sur la fameuse chaussée dite de Brunehaut, laquelle traversait les Gaules de Lyon à Boulogne. C'est en effet sur cet emplacement, en 337, que, par un rigoureux hiver, saint Martin, passant par Ambiani, coupa en deux son manteau pour en couvrir un pauvre, exposé presque nu, aux intempéries de la saison. Non seulement l'Église consacra la mémoire de ce grand acte de charité chrétienne en mettant son auteur au rang des saints et en plaçant des temples sous son invocation; mais Amiens voulut en perpétuer le souvenir en gravant sur une plaque fixée au mur du tribunal civil, par la Société française d'archéologie, l'inscription suivante :

> Chy saint Martin divisa son mentel
> En l'an trois chent, adjoutez trente-sept.

Vers l'an 346, saint Firmin le Confesseur, fils du sénateur Faustinien et troisième évêque d'Amiens, bâtit, sous l'invocation de Notre-Dame des Martyrs, une église où, par ses soins, furent transportées les saintes reliques de l'apôtre d'Amiens. Au commencement du septième siècle, une jeune vierge, nommée Oulphe ou Ulphe, fit construire un sanctuaire appelé la Cha-

LA CATHÉDRALE D'AMIENS SOUS LOUIS LE GROS

pelle; l'église de Saint-Leu fut dédiée au culte en 1073; à la même époque sont élevés le prieuré de Saint-Denis des Prés et celui de Saint-Acheul, érigé en abbaye en 1145, par l'évêque Thierry. On sait peu de chose sur ce saint, que l'Église honore et qu'on croit avoir été martyrisé en 290. En 1825, l'abbé duc de Rohan, plus tard cardinal, enrichit Saint-Acheul d'une *relique très précieuse,* dit l'historien Dusevel, du corps de sainte Martine, vierge et martyre. Issue de l'une des plus illustres familles de Rome, elle scella sa foi par l'effusion de son sang. C'est dans le troisième siècle que cette sainte fille eut la tête tranchée. Citons encore l'église collégiale de Saint-Nicolas, construite vers le douzième siècle. Tels furent les édifices sacrés et d'autres encore qui prirent la place des temples de Jupiter et de Mercure. Franchissant l'obscurité qui, comme on l'a vu, à partir du cinquième siècle couvre l'histoire de la ville d'Amiens, passons au neuvième.

Les Normands alors désolaient la France, et en 860, remontant la Somme, ils saccagèrent et pillèrent Amiens, s'établirent dans une île de la rivière et y restèrent environ une année. En 879, Louis III et Carloman se partagèrent la France. Ayant appris que les Normands avaient fait une nouvelle incursion dans l'Amiénois et désolé sa capitale, Louis III marcha contre eux et les tailla en pièces, ce qui n'empêcha pas ces pirates du Nord de reparaître, en 882, dans les plaines de la Picardie et de s'emparer une troisième fois d'Amiens, qu'ils couvrirent de sang et de cadavres. Des comtes gouvernèrent ensuite la ville, et l'on croit que Baudouin Bras-de-Fer fut le premier comte d'Amiens qui se rendit indépendant de la couronne. Il épousa Judith, fille de Charles le Chauve, qui lui donna l'investiture de la Flandre, érigée en comté. Baudouin Bras-de-Fer fut la tige des empereurs qui, dans la personne de Baudouin IX, comte de Flandre, occupèrent le trône de Constantinople de 1204 à 1261.

En 1113, les Amiénois, fatigués de l'oppression que leur comte faisait peser sur eux, obtinrent de Louis le Gros une charte de commune; mais ce ne fut qu'après deux ans de siège que ce prince parvint à s'emparer du château d'Amiens, dont le trop fameux comte de Marle s'était rendu maître. Louis le Gros le fit raser, et Philippe-Auguste, son successeur, réunit le comté d'Amiens à la couronne (1185). C'est à Amiens (1192) que ce prince célébra ses noces avec Ingeburge, qu'il répudia bientôt après, et c'est à Amiens encore que, pendant la première croisade de saint Louis, se forma (1250) la horde vagabonde des *Pastoureaux* et qu'en 1279 Philippe le Hardi et Édouard IV signèrent un traité de paix. Après le désastre de Crécy (1346),

Philippe VI de Valois s'y réfugia et y convoqua les grands du royaume, afin d'arrêter les progrès de l'ennemi. En 1391 une entrevue eut lieu à Amiens entre Charles VI et Richard II, à l'occasion des difficultés élevées sur le traité de Brétigny. Durant les troubles du malheureux règne de Charles VI et ceux du règne suivant, Amiens appartint tour à tour au roi de France, aux Bourguignons et aux Anglais; enfin, en 1470, Louis XI, qui avait cédé cette ville au comte de Charolais, parvint à s'en ressaisir et rendit, l'année suivante, une ordonnance portant que Amiens demeurrait à jamais unie à la couronne, et lui-même donna cette devise à la ville : *Liliis tenace vimine jungor*.

En 1515, le canon tira pour la première fois sur les remparts de la ville à l'occasion de l'entrée qu'y fit François Ier. Quelques années après, en 1523, la religion réformée y pénétra, mais ne s'y établit pas; aussi, après la mort de Henri III, les Amiénois refusèrent-ils de reconnaître Henri IV et ne se soumirent-ils à lui que le 9 août 1594, lorsque ce prince eut embrassé la religion catholique; il y fit son entrée le 25 du même mois. Mais, trois ans après, Amiens tomba au pouvoir des Espagnols, et c'est à cette nouvelle que Henri IV s'écria : *Allons, c'est assez faire le roi de France ; il est temps de faire le roi de Navarre ;* et aussitôt il courut assiéger Amiens, qui lui opposa une résistance de cinq mois. La reprise de cette place (1597) donna lieu à quelques couplets dont nous ne citerons que les deux suivants :

> Je ne sais qui des deux[1] est le plus admirable,
> D'avoir pris ou repris un Amiens si fort;
> Mais je sais qui des deux est le plus honorable,
> De l'avoir pris par fraude ou repris par effort.

> On chante en mille façons
> Une si belle entreprise;
> Mais de toutes ces chansons,
> Le bon est en *la reprise*.

Sous le règne de Louis XIII, Amiens eut pour gouverneur le fameux maréchal d'Ancre, et, en 1625, Marie de Médicis, Anne d'Autriche et une partie de la cour conduisirent jusqu'à Amiens la sœur du roi, Henriette de France, mariée à Charles Ier, roi d'Angleterre. Enfin, c'est à Amiens que fut conclu avec l'Angleterre, en 1802, le traité dit *paix d'Amiens*.

L'histoire de la cathédrale se lie intimement à celle de la ville. En effet, c'est dans la cathédrale d'Amiens que saint Louis, à son retour de la croisade,

---

[1]. Hernand Tello Porto Carrero, officier espagnol, s'était emparé d'Amiens par ruse.

choisi pour arbitre (1259) entre le roi d'Angleterre Henri III et ses barons révoltés contre lui, rendit une sentence qui ne fut pas longtemps respectée. En 1329, Philippe VI de Valois reçut dans cette même cathédrale l'hommage d'Édouard III, roi d'Angleterre, pour ses possessions de Guyenne; et Charles VI

LA CATHÉDRALE D'AMIENS, VUE DU CANAL

y épousa la trop fameuse Isabeau de Bavière, pour le malheur de la France et pour le sien. C'est encore dans la cathédrale d'Amiens que le roi de France Henri II et le roi d'Angleterre Édouard VI signèrent la paix (1550); les catholiques et les protestants s'y livrèrent, en 1564, un combat meurtrier et, en 1594, le duc d'Aumale, barricadé avec ses troupes sur le parvis, en fut délogé par les troupes royalistes; enfin, après avoir repris, comme on vient de le voir, Amiens sur les Espagnols (1597), Henri IV y rendit de solennelles actions de grâces. Tels sont les principaux événements qui rattachent à l'histoire de la ville d'Amiens sa magnifique cathédrale.

« Dans la cathédrale d'Amiens, disait au siècle dernier un *Guide pittoresque du voyageur en France,* tout est grand, sublime, magnifique, et par son aspect imposant, cette superbe basilique, le plus beau monument religieux que possède la France, semble commander le respect, en même temps qu'elle élève l'âme de celui qui la contemple. »

Sous le roi Philippe-Auguste, Robert de Luzarches, le plus fameux architecte de l'époque, c'est-à-dire celui qui avait le mieux étudié les élégantes et délicates constructions des Arabes, traça le plan de cette magnifique cathédrale, et l'évêque d'Amiens, Édouard de Fouilloy, quarante-cinquième évêque de cette ville, en posa la première pierre en 1220. Mais cet artiste et l'évêque Évrard en virent à peine les murs sortir de terre; ils moururent, et sous l'évêque Arnauld, Thomas de Vermond continua les travaux, que son fils Renauld termina en 1288, à l'exception des deux tours, qui ne furent achevées qu'au quatorzième siècle.

Le peuple mit une telle ardeur, un tel empressement à la construction de cette cathédrale, qu'après avoir fourni ses aumônes, il prêta ses bras. On y travaillait jour et nuit, en se relevant par escouades, et la nuit, on chantait à la lueur des cierges autour des ouvriers. Ainsi sur la place publique était sanctifié le labeur par le chant perpétuel des prêtres. C'est sous l'invocation de Notre-Dame que fut placée l'église que nous décrivons; elle a remplacé un édifice antérieur au neuvième siècle, édifice dévasté à plusieurs reprises par le feu et les invasions normandes, en 850, 1019, 1107, et enfin presque totalement détruit par un incendie en 1218.

Comme plan et comme structure, la cathédrale d'Amiens est, suivant le juge le plus compétent, M. Viollet-le-Duc, l'église ogivale par excellence. Elle est aussi la plus vaste des basiliques françaises : son plan couvre, en effet, tant vides que pleins, huit cents mètres environ de superficie; Saint-Pierre de Rome et la cathédrale de Cologne sont seules plus grandes en Europe.

Quoique poussés avec activité, les travaux de cet immense édifice ne furent terminés qu'à la fin du treizième siècle; ce n'est même que du quatorzième que datent les parties supérieures des tours de la façade. Mais ici-bas rien ne résiste aux injures du temps; les monuments les plus solidement construits les subissent! Des réparations devinrent nécessaires, et des travaux, plus ou moins en rapport avec le style général de l'édifice, furent exécutés à la cathédrale d'Amiens, aujourd'hui habilement restaurée, sous la direction de M. Viollet-le-Duc.

Rien de plus élégant que la façade occidentale de cette magnifique église, en forme de croix latine. Les ornements, dans lesquels domine le système pyramidal, sont d'une délicatesse exquise. A la base, trois porches pratiqués sous de profondes voussures forment les entrées de la basilique. Ces porches sont ornés de statues, de bas-reliefs et d'autres sculptures du style le plus pur et le plus sévère. Celui du milieu, *porche du Sauveur* ou *du beau Dieu d'Amiens*, doit son nom à une magnifique statue du Christ adossée au trumeau. Ce Christ-Homme debout, foulant aux pieds les figures symboliques du lion et du dragon, bénissant les fidèles de la main droite et tenant de la main gauche le livre des évangiles, est une des plus belles œuvres du treizième siècle.

Le porche de droite, dit *de la Vierge*, présente, au trumeau de la porte, une statue de Marie écrasant du pied un monstre à tête humaine; le porche de gauche est consacré à la mémoire de saint Firmin martyr, patron d'Amiens et de toute la Picardie. Sa statue foule aux pieds un homme, emblème de l'idolâtrie.

Sous les arcs d'ouverture des porches, surmontés de gracieux frontons triangulaires, se dessine une dentelle ajourée, qui date du quatorzième siècle. Sur la pointe du fronton principal, saint Michel, debout, terrasse le démon. Parmi les bas-reliefs de ces porches, on distingue le jugement dernier, les vertus et les vices mis en opposition ; les quatre saisons et les douze mois de l'année, figurés par la représentation des travaux agricoles auxquels on a coutume de se livrer pendant chacun de ces mois; les Mages, conduits par l'étoile et voyageant en bateau ; le massacre des Innocents et la fuite en Égypte. Les ferrures des portes datent du treizième siècle et du quatorzième. Une galerie, dite *galerie des Sonneurs*, relie les deux tours, inégales de hauteur et différemment ornementées dans leur partie supérieure. Le côté méridional de la cathédrale offre deux portails, l'un, *portail de l'Horloge* ou de *Saint-Christophe*, à cause d'une horloge au-dessus et d'une statue colossale de saint Christophe, adossée à la chapelle du même nom.

Le portail du transept méridional, dit *portail de Saint-Honoré*, évêque d'Amiens au sixième ou au septième siècle, ou plutôt *portail de la Vierge dorée*, est ainsi nommé d'une remarquable statue de la Vierge mère, adossée au trumeau de la porte. Le portail du transept nord, soutenu par des colonnes annelées, est orné d'une statue dite de *saint Firmin le Confesseur*, dont il a été parlé plus haut et sur lequel on raconte une légende.

« C'était le jour de Pâques, saint Firmin célébrait les saints mystères dans l'église de Notre-Dame des Martyrs. Tout à coup il vit, dit-on, la main du Sauveur, portant l'empreinte de la crucifixion, sortir des cieux et bénir l'oblation sacrée. » Vrai ou non, ce prodige est resté célèbre au moyen âge, et son souvenir fut perpétué par les armes parlantes de Saint-Acheul : elles portaient *d'azur à une main appaumée d'argent sortant d'une nuée*[1]. »

Autour du chœur sont construites des chapelles; la première met en communication avec l'église un cloître du quatorzième siècle. Au centre de la croisée s'élève, svelte et gracieuse, une flèche en charpente, la plus haute de France. Un simple charpentier de village, nommé Cottenchy, la construisit en 1529, pour remplacer un clocher bâti en 1240 et frappé de la foudre en 1527. Cette flèche, toute en bois de chêne et de châtaignier, et d'une légèreté extrême, cède doucement à l'action du vent et reprend ensuite d'elle-même son équilibre. Elle attire et captive l'attention par la délicatesse de sa structure, qui en fait une véritable aiguille, et c'est en montant trois cent six marches qu'on atteint la plate-forme où commence la flèche.

La façade méridionale, opposée à la façade septentrionale, assez simple, se fait remarquer par deux riches campaniles qui produisent un bel effet. Tout le pourtour extérieur de l'édifice est décoré de clochetons, ou plutôt de petites pyramides orientales. Ajoutons enfin, pour achever la description extérieure de ce magnifique édifice, qu'au-dessous des portiques et dans les entre-colonnements de l'une des galeries qui embellissent la façade, sont rangées les statues colossales des rois de France qui avaient régné à l'époque où fut construite cette partie de l'édifice.

L'intérieur de cette cathédrale, s'étendant sur près d'un hectare de terrain, répond à l'extérieur; il impose par la hauteur des voûtes, que supportent cent vingt-six piliers d'une étonnante délicatesse; par son immense et belle galerie circulaire; par ses superbes vitraux, au travers desquels perce un jour mystérieux, et par les trésors d'art qu'il renferme. La hardiesse de sa nef lui a mérité l'honneur de trouver place dans cet ancien dicton :

L'église parfaite, c'est
Clocher de Chartres, nef d'Amiens,
Chœur de Beauvais, portail de Reims.

Enfin, dit l'historien Dusevel, « c'est surtout par le grandiose d'unité, l'har-

---

1. L'abbé Corblet, *Hagiographie du diocèse d'Amiens*.

monie d'ensemble, l'élégance et la perfection qu'offre l'intérieur de la cathédrale d'Amiens, qu'on peut regarder ce temple comme un véritable chef-d'œuvre. »

On y voit trois nefs avec chapelles latérales, un large transept, accompagné de collatéraux, un chœur avec déambulatoire et bas côtés, transformés en chapelles absidales, entourant le sanctuaire. Le vaisseau, dit le chanoine Jouve dans son *Dictionnaire d'esthétique chrétienne*, mesure dans œuvre cent trente et un mètres trente centimètres de longueur, et ne le cède guère sous ce rapport, en France, qu'à la cathédrale de Reims, qui mesure cent trente-neuf mètres dix. La maîtresse voûte de la cathédrale atteint quarante-deux mètres quatre-vingt-quinze de hauteur sous clef. C'est une des plus hautes qui existent dans l'univers.

A l'entrée de la nef on remarque les tombes en cuivre des deux évêques fondateurs de l'église : à droite, celle d'Évrard de Fouilloy (1223); à gauche, celle de Geoffroy d'Eu (1226); la boiserie en encorbellement du jeu d'orgues, au-dessus duquel, derrière un cadran d'horloge de plus de dix mètres, s'ouvre la grande *rose*. Ses magnifiques vitraux, par leurs teintes principales, symbolisent la Terre et l'Air. Cette rosace porte néanmoins, à cause de sa situation à l'ouest, le nom de *Rose de mer*. La chaire, que supportent les statues des trois vertus théologales : *la Foi, l'Espérance* et *la Charité;* l'ange, assis sur le dais et tenant ouvert un livre avec cette inscription : *Hoc fac et vives;* le mausolée en marbre blanc du cardinal Hémart; la magnifique dentelle des statues du chœur; la Gloire et ses riches décorations, et surtout un ange ou génie, dit *l'Enfant pleureur*, assis dans l'attitude d'une profonde douleur, la tête appuyée sur la main droite, la main gauche sur un sablier, attirent les regards et fixent l'attention. Il en est de même des histoires de saint Firmin et de saint Jean-Baptiste, qu'on remarque le long du mur de clôture du chœur et qui présentent des groupes aussi singuliers que bizarres. Mais comment l'histoire de saint Jean-Baptiste n'aurait-elle pas été reproduite sur les murs de la cathédrale d'Amiens, lorsque, parmi les précieuses reliques apportées de Constantinople, au treizième siècle, par un chevalier nommé Wallon de Sarton, était le chef du précurseur du Christ, relique qui, avec les autres, attira à Amiens pendant tout le moyen âge un grand concours de fidèles et de personnages illustres, entre autres Isabeau de Bavière, Louis XI et l'ambassadeur anglais de Winfeld, qui firent à la cathédrale de riches présents?

Ce qu'il faut y admirer surtout, ce sont les magnifiques stalles qui, au nombre de cent dix, entourent le chœur; primitivement il y en avait cent vingt. Il existe peu de boiseries comparables à ces chefs-d'œuvre de patience, de délicatesse et de légèreté, que, de 1508 à 1522, ont exécuté quatre artistes du pays. On y compte quatre cents sujets sculptés sur les miséricordes, les rampes des escaliers et les parois des quatre pyramides, dont les plus hautes s'élèvent à treize mètres. Ces sujets sont tirés de l'Ancien Testament et de la vie de la sainte Vierge.

CATHÉDRALE DE TROYES

(Aube)

Troyes, *Trecæ*, *Civitas Tricassium* et *Augustabona*, ville des plus anciennes sur la rive gauche de la Seine, était, sous les Romains, le chef-lieu des Tricasses. Comprise d'abord dans la Gaule celtique, puis dans la quatrième Lyonnaise, elle fut, au cinquième siècle, à la prière de saint Loup, son évêque, épargnée par Attila. Moins heureuse en 809, elle fut saccagée par les Normands. Mais, s'étant relevée de ses ruines, elle devint dans la suite la résidence des comtes de Champagne et la capitale de cette province. Le poète-chansonnier Thibaut IV lui octroya une charte de commune, et c'est de lui, (1102-1152) que datent l'importance commerciale et l'industrie de cette cité. Isabeau de Bavière y transféra, en 1420, le parlement de Paris et y conclut l'indigne traité qui livrait la France aux Anglais et anéantissait les droits du Dauphin. Prise précédemment (1415) par Jean sans Peur, duc de Bourgogne, elle fut reconquise par Charles VII (1427), qui y entra conduit par Jeanne d'Arc. Louis XI lui octroya une nouvelle charte. En 1521, Troyes reçut de François Ier des lettres patentes disant *que la ville de Troyes est des villes du royaume la plus requise dans l'occurrence à être tenue en bonne garde, sûreté, fortifications et munitions.* Les troupes de Henri IV, repoussées en 1590, y entrèrent en 1595. Louis XVI y exila le parlement de Paris en 1787. Troyes a été souvent incendiée, notamment en 1184 et en 1524, et ses environs, en 1814, ont été le théâtre de sanglants combats. Elle a vu naître le pape Urbain IV, le poète-romancier Chrestien, l'historien Juvénal des Ursins, le poète Passerat, l'un des auteurs de la *Satire Ménippée;* les deux Pithou, dont l'aîné, Pierre, savant jurisconsulte, prit également part à la *Satire Ménippée;* Grosley, avocat distingué; Mathieu Molé, garde des sceaux en 1650; le peintre Mignard, le sculpteur Girardon, l'homme de lettres

Laveaux, auteur d'un dictionnaire de la langue française, et le sculpteur Simart.

Troyes est assise au milieu d'une plaine ; une infinité de canaux la traversent et servent à différents métiers ; rien de plus joli que les environs de cette ville, comme nous l'avons dit, fort ancienne ; les églises sont les seuls monuments importants qui témoignent de son ancienneté. Telles sont Saint-Nizier, qui est peut-être la plus ancienne de toutes, et c'est son titre le plus respectable ; d'ailleurs pauvre et nue, elle n'offre rien de particulier ; l'abbaye de Saint-Loup, qui renferme la bibliothèque, sorte de caserne vaste, haute et branlante, où les livres se flétrissent au premier étage et où des tableaux se moisissent au rez-de-chaussée. L'église Saint-Remi est une masure sans style et sans caractère ; un christ en bronze, dû au ciseau de Girardon, et une plaque de marbre sur laquelle le célèbre sculpteur a gravé les titres d'une fondation pieuse, sont les seuls ornements de cette pauvre église. Pourtant autrefois elle possédait de beaux vitraux et des tableaux renommés ; mais tout a disparu ! Si Saint-Remi se distingue aujourd'hui par sa pauvreté, il n'en est pas de même de Saint-Urbain ; rien de plus hardi que ses flèches, ses clochetons ; de plus coquet que ses dentelles, ses arcs élancés. Par malheur ce gracieux monument est resté inachevé, et voici pourquoi :

Jacques Pantaléon, patriarche de Jérusalem, fils d'un cordonnier de Troyes, se trouvait en Italie, lorsque, en 1261, il fut élu pape. Se souvenant alors de l'échoppe paternelle, il voulut que, sur l'emplacement qu'elle avait occupé, fut construit un temple au Seigneur, qui l'avait appelé à une aussi haute fonction ; mais il mourut en 1264, et l'œuvre ne fut jamais terminée. Ce qui distingue cette église, à laquelle, tant que vécut le pape Urbain IV, on travailla avec zèle et sans relâche, c'est l'unité du style. Urbain IV augmenta le nombre des cardinaux et institua la fête du Saint-Sacrement.

Au nombre des églises de Troyes il faut citer encore Saint-Jean, dont une partie est fière, imposante et ornée. Cette vieille église a beaucoup souffert ; il ne reste, comme richesse artistique, que deux tableaux de Mignard, le *Baptême du Christ* et le *Père éternel ;* plus une fort belle verrière reproduisant le sacre de Louis le Bègue, couronné roi d'Aquitaine le 7 septembre 878, au concile de Troyes, par le pape Jean VIII. C'est dans cette église que, le 2 juin 1420, s'accomplit le mariage de Henri V d'Angleterre avec Catherine de France, fille de Charles VI et d'Isabeau de Bavière. Ce mariage complétait le triste traité de Troyes, qui promettait le trône de France au roi d'Angleterre. L'église Sainte-Madeleine est la seule qui ait conservé des échantillons com-

CATHÉDRALE DE TROYES

plets du style romano-byzantin; son jubé est une merveille de grâce et de fantaisie. L'auteur de ce chef-d'œuvre, Jean Gualdo, maçon, est enterré dessous. L'église ogivale Saint-Pantaléon n'a de remarquable que la multitude de ses statues, qui toutes ne sont pas heureuses, et des tableaux médiocres. L'église Saint-Nicolas a cela de particulier qu'une des portes d'entrée est si bien adossée au rempart, qu'elle est à la hauteur d'une rosace, et qu'on descend dans l'église par un grand escalier à la moitié duquel on rencontre une tribune arrangée en calvaire.

La cathédrale, par l'ampleur et la beauté de ses proportions, la largeur de sa nef et de ses bas côtés, les richesses sculpturales de son portail, couvre de son ombre imposante les monuments chétifs que l'on a entassés à ses pieds. C'est un des plus beaux monuments que nous ait légués l'architecture ogivale; elle fut construite sur les ruines d'une chapelle fondée, au troisième siècle, par saint Savinien, apôtre sénonais.

Ce grand saint, un des soixante-douze disciples de Notre-Seigneur, suivit saint Pierre à Antioche, puis à Rome, d'où le prince des apôtres l'envoya prêcher la foi dans les Gaules. Il se dirigea vers Sens, capitale de la province de ce nom, arriva, l'an 45 ou 46 de Jésus-Christ, au commencement de l'hiver, dans le Gâtinais, et passa la nuit de Noël dans le bourg de Ferrières. La légende ajoute que, comme il priait pour célébrer la naissance du Sauveur, ravi en extase, il vit l'enfant Jésus avec la sainte Vierge et saint Joseph dans l'étable de Bethléem; et qu'alors, transporté de joie, Savinien s'écria : « C'est vraiment ici Bethléem. » Quoi qu'il en soit, aidé de deux compagnons qu'il avait avec lui, Potentien et Altin, notre saint convertit un certain nombre de païens et, dans cet endroit, bâtit au Christ nouveau-né et à sa divine mère un oratoire qui porta le nom de Notre-Dame de Bethléem. De Ferrières saint Savinien alla à Sens, y fit de nombreuses conversions, entre autres celle de Victorinus, noble personnage qu'il gagna à Jésus-Christ avec toute sa famille; et, premier évêque de cette ville, il y bâtit, pour y rassembler les fidèles devenus nombreux, trois églises qu'il consacra, la première à la sainte Vierge, mère de Dieu; la seconde à saint Jean-Baptiste, précurseur du Messie, et la troisième à saint Étienne, premier martyr. De Sens saint Savinien se rendit à Troyes, où ses conquêtes au Seigneur ne furent pas moins nombreuses; aussi fut-il bientôt obligé d'y ériger une église, qu'il dédia à saint Pierre et à laquelle devait se substituer la basilique ou cathédrale actuelle.

Cette église date de la fin du douzième siècle et du commencement du treizième. Hervée, soixantième évêque de Troyes, passe généralement pour en être le fondateur. Lui-même en dressa le plan, présida aux premières constructions, et la légende, outre les chapelles absidales, lui attribue le sanctuaire, la plus pure et la plus harmonieuse des parties de l'édifice. Il ne fut terminé que trois siècles environ après la dédicace solennelle qu'en avait faite en grande pompe Jean Léguisé, évêque de Troyes, le 9 juillet 1430, par anticipation. Les proportions en sont gigantesques, et elle impose par ses vastes dimensions. En effet, du sol au sommet de la tour, l'église Saint-Pierre mesure soixante-treize mètres ; sa longueur intérieure est de cent dix-sept mètres ; sa largeur, de cinquante et un mètres, et la hauteur des voûtes est de trente mètres. Cinq nefs partagent le monument, qu'éclairent cent quatre-vingt-deux verrières. La profusion de ces vitraux splendides, la légèreté des piliers, la multiplicité des arceaux, font de la cathédrale de Troyes un chef-d'œuvre.

C'est en 1430 environ que fut achevée la magnifique flèche qui en couronnait le faîte, et l'une des plus hardies que l'on eût dressées dans les airs. Quand on entre dans la nef, la première impression que l'on éprouve est celle de la nuit ; mais, quand on y pénètre plus avant, l'œil perçoit les objets dans une douce lumière ; les vitraux, comme nous l'avons dit, dus aux verriers les plus renommés de l'époque, se détachent ; et la merveilleuse imagerie qui s'étale dans les ogives, laisse pénétrer quelques rayons. Ces vitraux, uniques en France, reproduisent saint Louis et la reine Blanche, Adam et Ève, l'histoire de saint Savinien, des saints, des saintes, des rois, des empereurs, des figures diaboliques, etc.

Saint-Pierre avait autrefois un clocher ; c'est en 1413 qu'on fut jetée la fondation. Dans ce temps-là, les édifices, les églises principalement, se construisaient à bon compte ; les artistes d'alors, simples et naïfs, ne s'y employaient pas en vue de la gloire, et moins encore de la fortune ; ces tailleurs de pierre faisaient leur besogne en escomptant leur salut. Aussi fit-on marché avec Jean de Nantes, moyennant neuf sols par jour pour lui et deux sols pour chacun de ses ouvriers ; l'abbé de saint Loup donna six chênes de choix, et l'on se mit à l'œuvre. Malheureusement les Anglais vinrent en Champagne, et le clocher resta interrompu. Mais en 1429, Jeanne d'Arc les chassa de la Champagne, s'agenouilla dans la cathédrale et, rapporte la légende, dit en sortant : *Faites votre clocher, ils n'y reviendront plus.* Quoi qu'il en soit, le 20 mars 1430, un beau coq doré, juché au sommet, apprit aux Troyens que l'œuvre était terminée. En 1506, l'année même où l'on jeta les fondements de Saint-Pierre de Rome, on commença celle des tours de Saint-Pierre de Troyes qui est achevée, et, pour en conduire l'ouvrage, le chapitre traita avec Martin Cambiche, maçon de Beauvais, à raison de quarante sols par semaine, un pain de prébende chaque jour et le payement du loyer de sa chambre. C'était bien modeste pour un des derniers et des

ÉGLISE SAINT-URBAIN, A TROYES

plus fameux architectes du moyen âge. Mais, avec une seule tour, l'église paraissait incomplète : on décida de donner une sœur à celle qui était déjà faite (1511); et le traité passé avec Jean de Soissons, successeur de Martin Cambiche, porta que, *hors le cas de mort,* il n'abandonnerait pas l'ouvrage sans l'avoir achevé. Il faut croire que le seul empêchement prévu se rencontra, car la seconde tour ne fut jamais terminée.

Cette superbe basilique au grand beau portail, dont nous avons fait connaître les parties les plus remarquables, fut victime de plusieurs accidents, et la foudre tomba sur le clocher dont, avec raison, l'église était si fière (1700). Il fut brûlé, les cloches elles-mêmes se liquéfièrent, et le beau coq qui déployait ses ailes à trois cent vingt-quatre pieds au-dessus du sol, tomba dans le brasier. Pour éterniser le souvenir de ce grand événement, Maugard, poète champenois, composa deux vers qu'il voulait faire graver sur le marbre au front de l'église réparée :

> Ce temple à qui le feu causa de grands dégâts,
> A trouvé dans Louis un second Josias.

Mais ce distique, peu apprécié, paraît-il, ne fut jamais inscrit que dans l'histoire locale.

Le lendemain, des ouvriers furent appelés pour entreprendre aussitôt les travaux de réparation les plus urgents, et voici ce qu'on raconte à ce sujet : Un jour, prenant leur repas dans la cathédrale, la tête échauffée par le vin, ils raillèrent la statue colossale de saint Michel, qui, élevée sur le pignon de l'église, avait laissé brûler sous ses yeux le clocher de l'église, qu'il aurait dû protéger; ils osèrent même le défier de descendre pour trinquer avec eux. Mais soudain d'horribles craquements se firent entendre, et, avant qu'aucun des trois ouvriers eût le temps ou seulement la pensée de fuir, la gigantesque statue perçant, déchirant, broyant tout sous sa masse, descendit et tomba sur ces blasphémateurs, qu'elle écrasa et enterra du même coup, si bien que, pour retrouver leurs cadavres, il fallut creuser le sol, dans lequel ils étaient enfouis sous la masse énorme qui les avait accablés.

La tradition a accrédité une légende d'un autre genre qui, pour être plus touchante, n'en est pas moins dramatique. Une belle rosace en pierre, svelte et gracieuse, orne la cathédrale; elle est due au travail d'un artiste de génie dont le nom est inconnu. Or cet artiste avait une fille d'une grande beauté. Un jeune ouvrier demanda au père la main de la jeune fille.

La bonne mine de l'ouvrier le disposant bien en sa faveur : « Je te l'accorde, lui dit-il, mais à une condition pourtant : c'est que tu me prouves ton talent; j'ai fait ma rosace, à ton tour fais la tienne. »

Le pauvre jeune homme accepta la condition et se mit à la tâche. Quand elle fut achevée et que, satisfait de son œuvre, il crut avoir mérité la récompense de son travail, il amena son maître et sa fille en présence de la rosace. Le maître sourit et la jeune fille rougit.

« A cette rosace, dit le père, après un examen sérieux, il y a un grave défaut : on s'est trop pressé ; » et du doigt il fit voir au jeune homme une infraction aux règles du métier.

« Mais, après tout, lui dit le père, tu as du talent et je te donne ma fille ! Tu étudieras et tu feras mieux ; pour cette fois, je te pardonne. »

Celui-ci, les larmes aux yeux : « Point de pitié, s'écria-t-il ; je suis vaincu ; je n'ai pas droit à la récompense ! » Et du haut de ses échafaudages il se précipita sur le pavé de l'église. Sa mort frappa au cœur sa jeune fiancée.

La rosace manquait de solidité ; on fut obligé de la démolir et de la remplacer par la rosace de fonte que l'on voit aujourd'hui.

Quant aux œuvres artistiques que renferme Saint-Pierre, elles ne sont pas nombreuses : d'abord point de tableaux et peu d'ornements, mais une belle statue de la Vierge, due au ciseau de M. Simart ; une chaire moderne remplaçant une chaire vermoulue dans laquelle saint Bernard avait prêché, enfin un magnifique buffet d'orgue enlevé autrefois au monastère de Clairvaux.

Un accident survenu vers 1840 mit en danger ce bel édifice, déjà plusieurs fois éprouvé ; par suite d'un écartement qui se produisit entre les piliers du transept, une partie de la voûte s'écroula, ce qui nécessita d'immenses travaux de reconstruction et de consolidation.

Saint Bernard, Abeilard et Jeanne d'Arc sont les principaux personnages célèbres qui sont venus s'agenouiller et prier dans cette nef austère. C'était aussi devant la porte principale qu'avaient lieu les abjurations, les excommunications et les amendes honorables. En 1377, un prévôt de Troyes, nommé Jean de Rien-Val, fut conduit processionnellement dans toute l'église, portant *un plat d'argent du poids de quatre marcs, et un cierge ardent du poids de quatre livres de cire;* et, en présence de l'évêque, ledit prévôt vint déclarer qu'il avait appliqué injustement à la question deux clercs et un laïque. Après amende honorable, on suspendit en offrande le plat d'argent à l'autel.

C'était enfin dans la cathédrale qu'avait lieu la cérémonie par laquelle on mettait le lépreux, le *ladre*, hors du seuil. On lui couvrait la tête ; il baisait le pied du curé, et celui-ci, lui jetant par trois fois de la terre avec une pelle, lui disait : « Mon ami, c'est en signe que tu es mort quant au monde, et pour « ce, aie patience en toi. » Puis, la messe dite, on allait enfermer le ladre dans sa maison. Alors on lui intimait la défense de ne boire à aucun puits ; on lui ordonnait de mettre des gants pour s'appuyer au parapet d'un pont, et de ne parler à personne sans s'être mis *au-dessous du vent*.

SAINT-ÉTIENNE

SAINT-ALPIN ET ÉGLISES PRINCIPALES

DE CHALONS-SUR-MARNE (Marne)

L'origine de Châlons-sur-Marne, ville importante de l'ancienne Champagne, aujourd'hui chef-lieu du département de la Marne et située sur le Mau, le Nau et sur la rive gauche de la Marne, remonte au troisième siècle.

Son nom paraît dérivé des *Catalauni* (Catalaunes), peuplade gauloise qui occupait le territoire de cette ville, dans la Gaule Belgique, au sud des Rémois, auxquels ils semblent avoir été soumis. César n'en parle pas dans ses *Commentaires*, mais Vopiscus, Eutrope et Ammien-Marcellin en font mention. Elle figure aussi dans l'*Itinéraire* d'Antonin le Pieux, sous le nom de *Duro-Catalaunum*. Les Romains embellirent cette ville et la fortifièrent ; vers 250, saint Memmie y prêcha le christianisme. Deux batailles célèbres ont été livrées auprès de Châlons-sur-Marne ; dans l'une, Aurélien battit l'usurpateur Tétricus (272) ; dans l'autre, Attila fut battu par Aétius, général de l'empereur d'Occident Valentinien III, et par les Goths, les Francs et les Burgondes réunis (451).

En 963, Herbert et Robert de Vermandois assiégèrent cette ville et la brûlèrent avec la tour qui en faisait la principale défense. C'est environ vers la même époque que Châlons, qui depuis longtemps avait le titre de comté, forma une espèce d'État libre et absolu, sous le gouvernement de ses évêques, investis du titre de grands vassaux de la couronne. Ce gouvernement dura jusqu'en 1360, époque où le roi Jean réunit à la couronne l'ancien comté de Châlons. C'est dans cette ville que le pape Eugène III et le roi Louis VII se réunirent (1147), et qu'au milieu du Jard (actuellement promenade près du canal de la Marne), monté sur une pierre de taille, dans un discours éloquent et enthousiaste, saint Bernard prêcha la croisade, promettant de la part

Dieu le succès de cette entreprise, qui fut, hélas! si de malheureuse. Jusqu'en 1681, dans ce même lieu, fut conservée la pierre, sorte de chaire improvisée, du haut de laquelle saint Bernard avait parlé à la foule des fidèles ; mais à cette époque, à l'insu du conseil de ville, l'intendant de Champagne la fit abattre.

C'est aussi à Châlons que Charles VII, accompagné de Jeanne d'Arc, reçut les députés de Reims. En 1430 et en 1434 les Anglais tentèrent de s'en emparer, mais sans succès. Sous la Ligue, cette ville resta fidèle à Henri III ; elle garda la même fidélité à Henri IV, et le 15 juin 1591, le parlement de Châlons eut même le courage de faire brûler publiquement par la main du bourreau la bulle d'excommunication lancée par Clément VIII contre le roi de France. Ajoutons, en passant, qu'au seizième siècle nos rois y avaient un palais.

Comme presque toutes les villes de la Gaule, au commencement du troisième siècle, Châlons était encore plongée dans les ténèbres du paganisme ; mais elle dut à saint Memmius, Romain de naissance, et vulgairement appelé saint Memmie, sa conversion au christianisme. Il prêcha l'Évangile à Châlons, où il fut envoyé, et tel fut le succès qu'obtinrent ses discours et ses miracles, que des fidèles gagnés à Jésus-Christ notre saint forma bientôt une Église dont il fut le premier pasteur. Cet apôtre du Christ mourut à Châlons, à la fin du troisième siècle, et quelque temps après, sur son tombeau même, on bâtit une église. Donatien et Domitien furent ses successeurs immédiats ; à leur tour, après avoir travaillé l'un et l'autre avec beaucoup de zèle à confirmer les nouveaux chrétiens dans la foi et à étendre de plus en plus le royaume de Jésus-Christ, ils s'endormirent dans la paix du Seigneur. On les enterra au même endroit que le saint apôtre Memmie, dont, en 1318, les reliques furent renfermées dans une châsse de vermeil.

Un autre apôtre de Jésus-Christ, saint Alpin, contribua aussi beaucoup à fortifier dans la foi les habitants de Châlons-sur-Marne. Né de parents nobles et chrétiens, à Baye, sur le territoire de Châlons, il fut élevé dans la piété et la connaissance des lettres. On le mit ensuite sous la conduite de saint Loup de Troyes, que Sidoine Apollinaire appelle la règle des mœurs, la colonne des vertus, le Père des Pères, le plus vénérable des évêques de l'Église de France. Accompagna-t-il saint Germain d'Auxerre et saint Loup de Troyes dans le voyage qu'ils firent dans la Grande-Bretagne pour achever de détruire les erreurs des Pélagiens? On ne sait rien à cet égard ; mais on avait de sa sainteté une idée si haute, qu'il fut élu successeur de Provinctus, évêque

VUE DE CHALONS-SUR-MARNE

de Châlons, qui venait de mourir. Saint Alpin voulut se soustraire à cet honneur, mais saint Loup le contraignit à l'accepter. Comme celui-ci sous les murs de Troyes, saint Alpin arrêta sous les murs de Châlons Attila, qui allait s'en rendre maître. Touché de compassion pour son troupeau, le saint prélat se présente devant le farouche conquérant, le supplie d'épargner les habitants de cette ville, qui ne peuvent s'opposer à sa marche, et Attila se décide à se retirer. Saint Alpin mourut le 7 septembre, dans la seconde moitié du cinquième siècle, au lieu même de sa naissance, et y fut enterré. En 860 on transféra son corps dans l'église de Saint-André, située à cette époque hors des murs de la ville, mais aujourd'hui renfermée dans son enceinte et placée sous l'invocation du saint dont elle possédait les ossements, qui sont maintenant dans la cathédrale.

Ces quelques mots sur les saints qui ont évangélisé les habitants de Châlons-sur-Marne ou les ont fortifiés dans la foi nous amènent naturellement à parler des temples voués depuis eux au culte chrétien. Trois sont particulièrement remarquables et classés parmi les monuments historiques : la cathédrale, consacrée à saint Étienne; Notre-Dame et Saint-Alpin.

C'est vers l'an 450, sur l'emplacement d'un temple antique, que fut commencée la cathédrale, d'abord dédiée à saint Alpin, puis à saint Étienne, et c'est sous l'invocation de ce premier martyr du christianisme qu'elle est encore aujourd'hui. Deux incendies lui causèrent, en 1133 et 1238, le plus grand dommage. En 1668, un troisième incendie consuma entièrement le chœur et la belle flèche qui le surmontait, désastre qui fut réparé en 1672 par la munificence de Louis XIV ; et, malgré quelques additions, elle peut être encore regardée comme une belle église des treizième et quatorzième siècles. On y remarque deux clochers, l'un roman, l'autre ogival, que surmontent deux belles flèches de pierres taillées à jour dans toute leur longueur. Elles s'élèvent, avec autant de hardiesse que de majesté, à une hauteur de trente-six mètres. Le portail, d'architecture grecque, a de la grandeur; les contreforts sont du dix-septième siècle.

A l'intérieur, cette église a quatre-vingt-dix mètres de longueur sur quarante mètres de largeur; prise aux bras de la croix, sa hauteur est d'environ soixante mètres. Elle a trois nefs, dont la plus grande est majestueuse; les voûtes sont soutenues par dix piliers de quatre mètres cinq centimètres de circonférence; le sanctuaire est d'une beauté remarquable. Le maître-autel, surmonté d'un baldaquin que supportent six colonnes de marbre, passe pour l'un des plus beaux que l'on connaisse en France. Huit piliers ou arcs-boutants, terminés par autant de pyramides sculptées, soutiennent le corps du vaisseau. Saint-Étienne renferme aussi plusieurs chapelles curieuses, et les vitraux, des treizième, quatorzième, quinzième et seizième siècles, quoique ayant beaucoup souffert, offrent encore des parties bien conservées. On y remarque, à droite, l'*Histoire de Jésus-Christ*, et, à gauche, la *Création du monde*, un tableau retouché du quinzième siècle, représentant la consécration de la cathédrale par Eugène III, et un grand buffet d'orgues. Le pavé est presque entièrement formé de pierres tombales du treizième siècle au seizième. Sous l'édifice est une crypte que l'on croit antérieure à sa construction. L'église Notre-Dame, située presque au centre de la ville et reconstruite de 1158 à 1322, est un spécimen très remarquable du style de transition et du style ogival primitif; le porche du midi date de 1469. Elle est en partie recouverte en plomb. Mutilée pendant la Révolution, cette belle église a été restaurée avec goût; mais de ses quatre clochers semblables il ne reste qu'un seul, encore admiré aujourd'hui. Une des flèches de la façade a été reconstruite, et le chœur est flanqué de deux tours carrées. A l'intérieur on remarque des vitraux précieux du seizième siècle, un pavé mosaïque chargé d'une foule d'inscriptions, et de beaux canons d'autel, donnés et dessinés par le chevalier de la Touche (1753).

L'église Saint-Alpin est un édifice des douzième, quinzième et seizième siècles. Les vitraux en sont anciens et beaux; entre autres sujets, ils représentent Attila, que saint Alpin détermine à éloigner son armée de Châlons. On y voit aussi un christ que l'on croit être d'Albert Durer, des tableaux des frères Bassan et une chaire à prêcher, œuvre de menuiserie qui n'est pas sans mérite. Deux autres églises à Châlons offrent également de l'intérêt : Saint-Loup, qu'on croit fort ancienne, mais dont rien n'atteste l'origine; Saint-Jean, située à l'extrémité sud-ouest de la ville.

Ce n'est qu'en 1380 que l'église, primitivement consacrée à Saint-Jacques, fut mise sous l'invocation de saint Loup. On y remarque un beau tryptique de l'*Adoration des Mages*, dont la peinture intérieure est attribuée au Primatice, et une statue en bois du seizième siècle, représentant saint Christophe. Le portail est du dix-septième siècle.

L'extérieur de l'église Saint-Jean est simple et modeste; c'est la plus ancienne église de Châlons. Elle date, pense-t-on, de l'apostolat de saint Memmie, vers 324; ce n'était alors qu'un baptistère où cet évêque administrait le baptême aux païens qui embrassaient le christianisme. On y voit une toile de Philippe de Champaigne représentant saint Sébastien, martyr.

CATHÉDRALE DE REIMS

SAINT-REMI ET LA CATHÉDRALE DE REIMS

(Marne)

Reims est une des plus vieilles cités françaises et une des plus intéressantes pour l'antiquaire ou l'historien. Les *Remi*, dont elle fut longtemps la capitale, avant la domination romaine, l'appelaient *Durocortum*, et les géographes anciens *Durocortorum* et *Durocortora*. Au temps d'Adrien, elle possédait des écoles justement célèbres, et un de ses citoyens, Jovin ou Jovinus, fut consul de Rome en 366 ou 367. Plus tard, après la grande invasion barbare, Reims devint le foyer religieux d'où le christianisme rayonna dans les Gaules. La veille de Noël de l'année 496, son évêque, saint Remi, administra le baptême à Clovis, ainsi qu'à trois mille seigneurs francs.

En 517, saint Remi tint un synode dans lequel il eut le bonheur de ramener à la foi catholique un évêque arien qui était venu pour disputer contre lui. Quelques années après il établit des évêques à Tournai, Laon, Arras, Thérouanne et Cambrai. Saint Remi, dont la fête patronale se célèbre le 13 janvier, mourut en 533, à l'âge de quatre-vingt-seize ans, dont il avait passé plus de soixante-dix dans la prêtrise et l'épiscopat.

Ses reliques furent placées en 633 dans une église construite par Sonnace. En 882, les Normands ayant envahi la Champagne, Hincmar, en se retirant à Épernay, y emporta le corps de saint Remi. Enfin, en 1049, le 1ᵉʳ octobre, le pape Léon X consacra une nouvelle église dédiée au glorieux apôtre. Auprès de cette basilique était une célèbre abbaye qui devint un hôpital après la restauration du culte. Le tombeau de saint Remi, reconstruit d'abord au douzième siècle, puis une seconde fois en 1537, fut dévasté pendant la période révolutionnaire, et la châsse, en argent, fut brisée.

En 1803, on refit un tombeau circulaire de mauvais goût, où fut déposée une châsse en bois, remplacée plus tard par une autre en cuivre argenté. Un tombeau nouveau fut inauguré en 1847, bâti d'après le modèle de celui du seizième siècle : autour ont été placés un groupe représentant le baptême de Clovis par saint Remi, et les statues des douzes pairs laïques et ecclésiastiques, qui, provenant du tombeau de 1537, avaient servi à orner celui de 1803. C'était jadis dans le tombeau de saint Remi que l'on conservait la sainte ampoule, détruite en 1793. Depuis la Révolution, la sainte ampoule se trouve, avec le reliquaire qui la contient, dans le trésor de la cathédrale.

Quant à la cathédrale ou église métropolitaine de Reims, c'est sans contredit un des plus beaux vaisseaux gothiques qui existent en Europe. Commencée en 1211, elle ne fut achevée que vers la fin du quinzième siècle. Elle mesure cent cinquante mètres de long sur trente de large, et trente-six de hauteur sous voûte. Ses deux tours s'élèvent à quatre-vingt-neuf mètres.

Quarante-deux statues des rois de France, depuis Clovis jusqu'à Charles VI, décorent les arcades qui forment la galerie supérieure de la façade. Cent vingt-deux autres statues peuplent le pourtour de ses portes, que domine une rosace en vitrage d'une délicatesse et d'un travail merveilleux. Quant aux figures et sculptures qui ornent l'intérieur et l'extérieur de l'église, on peut en évaluer le nombre à plusieurs milliers.

On remarquait autrefois dans le collatéral de gauche le cénotaphe du consul Jovinus. Ce magnifique tombeau, en marbre blanc, avait été transféré de l'église Saint-Nicaise à la cathédrale. Il est aujourd'hui dans une crypte située au-dessous de la belle chapelle du palais archiépiscopal. La tradition rapporte que Jovinus, pendant une expédition en Perse, commandée par l'empereur Julien, eut la gloire de tuer un lion, scène que l'artiste a voulu reproduire.

Enfin les vitraux, dont quelques-uns sont modernes ainsi que la grille qui entoure le chœur, les orgues munies de cinquante-trois registres, des tableaux de maîtres italiens et français et plusieurs belles tapisseries complètent une décoration qui fait de la cathédrale de Reims un monument incomparable.

Citons notamment dans les œuvres d'art des diverses époques un *Lavement des pieds,* du Mutien, maître de Raphaël; une *Nativité de Notre-Seigneur,* du Tintoret; l'*Apparition de Notre-Seigneur à la Madeleine,* du Titien; la *Manne dans le désert,* du Poussin. Ces tableaux sont des dons des cardinaux de Lorraine qui ont occupé le siège de Reims comme archevêques.

La cathédrale possède encore un beau tableau d'Abel de Pujol représentant le baptême de Clovis, et deux magnifiques tapisseries-tableaux sorties des ateliers des Gobelins et offertes au cardinal Gousset par le gouvernement en 1848. L'une représente saint Paul à Lystre, et l'autre, saint Paul devant l'aréopage.

ÉGLISE SAINT-MICHEL

A DIJON (Côte-d'Or)

Dijon, autrefois *Divio,* capitale de l'ancienne province de Bourgogne et maintenant chef-lieu du département de la Côte-d'Or, doit son origine à un camp retranché établi par César pour contenir les Autunois et les Langrois. Elle est située au pied d'une chaîne de montagnes que domine le mont Afrique, haut de cinq cent quatre-vingt-quatre mètres, dans un bassin agréable et fertile. Elle est baignée par la rivière d'Ouche, qui passe au midi, et par le torrent de Suzon, qui la traverse du nord au sud par un courant pratiqué sous les rues. Marc-Aurèle entoura cette ville de murailles et de trente-trois tours. Vers 274 de notre ère, Aurélien l'embellit, en augmenta l'étendue et y éleva aux divinités païennes, *divis,* un temple, d'où vint à cette ville le nom de *Divio* et par corruption, dans la suite, celui de Dijon.

Deux inscriptions sont les seuls monuments romains qui nous donnent connaissance de l'ancienne *Divio,* dont Grégoire de Tours a fait, dans le sixième siècle, une description si vive et si animée. Dijon ne prit quelque importance qu'au quatrième siècle; c'est aux environs de cette ville que Clovis vainquit le roi burgonde Gondebaud, par la trahison de Godégisèle, son frère, en 500. Les Sarrasins (731) s'en emparèrent et la livrèrent aux flammes; plus d'un siècle après (888), les Normands la saccagèrent. En 959, Robert de Vermandois surprit Dijon et l'enleva à Otton, deuxième fils de Hugues le Blanc, duc de Bourgogne et de France, mais elle fut reprise l'année suivante par Lothaire. Presque entièrement détruite en 1137 par un incendie, elle fut rebâtie vingt ans après et devint la capitale du duché de Bourgogne; c'est vers ce temps que dans ce duché fut adoptée la charte de Soissons. En 1357, Philippe de Rouvres, dernier duc de Bourgogne de la première race, fit commencer la nouvelle enceinte fortifiée de Dijon, telle qu'on la voit aujourd'hui.

Les ducs de la seconde race entretinrent ces fortifications, les augmentèrent de seize tours et de plusieurs bastions. Louis XI, pour se maintenir en possession de la Bourgogne, y fit construire un château entouré de fossés et flanqué de quatre tours. Ce château, qui existe encore aujourd'hui, fut transformé, dans le siècle dernier, en prison d'État, où furent enfermés la duchesse du Maine, le comte de Mirabeau, le chevalier d'Éon, etc. Après la réunion du duché à la Bourgogne, Dijon devint la capitale de la province et le siège des états généraux (1477). Quelques années plus tard, en 1513, cette ville fut assiégée par les Suisses, qui traitèrent avec La Trémouille et ne consentirent à lever le siège que moyennant la concession du duché de Milan, de quatre cent mille écus d'argent, etc.

À Dijon, plusieurs édifices religieux offrent, au point de vue de l'art, un intérêt. A ce titre, l'église cathédrale appelle tout d'abord notre attention. Ancienne dépendance de l'abbaye de Saint-Bénigne et dédiée à ce saint, elle occupe l'emplacement d'un ancien temple de Saturne et fut consacrée en 535. Mais, comme déjà en 870 cette église tombait en ruines, l'évêque Isaac la rétablit. En 1106 elle fut entièrement reconstruite par l'abbé Guillaume, et, dit un ancien historien, on y comptait trois cent soixante-douze colonnes, cent vingt fenêtres, huit tours, trois grandes portes et vingt-quatre entrées. En 1272, ce vaste édifice fut écrasé par la chute d'une haute tour qui s'élevait au milieu; l'abbé Hugues fit alors reconstruire l'église que l'on voit encore aujourd'hui, et qui fut achevée en 1291. Sa longueur est de soixante-onze mètres, sa largeur, dans les deux nefs, de vingt-neuf, et son élévation, de vingt-huit. La flèche, qui s'élance du comble de l'édifice, est de la plus grande hardiesse; sur un diamètre très resserré, elle porte à cent mètres de hauteur le coq qui la termine. Le portail représentait autrefois sur les côtés huit figures en bas-relief, aujourd'hui remplacées par des colonnes en pierre. Il est surmonté d'un bas-relief qui décorait antérieurement l'église Saint-Étienne et en représente le martyre, dû au ciseau du sculpteur Bouchardon. L'intérieur de Saint-Bénigne renferme de beaux mausolées en marbre; ceux de Philippe le Hardi et de Jean sans Peur sont les plus remarquables. C'est dans cette église que les ducs et les rois venaient prendre possession du duché de Bourgogne et juraient, au pied des autels, la conservation des privilèges de l'abbaye, de la province et de la ville.

Avant qu'elle eût été réunie à l'évêché de Dijon, l'abbaye de Saint-Bénigne, dont, on vient de le voir, la cathédrale est une dépendance, appartenait à la congrégation de Saint-Maur. Saint Bénigne, en grande vénération à Dijon, et

ÉGLISE SAINT-MICHEL, A DIJON

disciple de saint Polycarpe, vint au deuxième siècle dans les Gaules pour y prêcher la foi. C'est à Autun qu'il exerça d'abord son zèle et y baptisa la famille de Fauste, père de saint Symphorien. D'Autun, Bénigne passa à Langres et de là à Dijon, où ses travaux apostoliques eurent le même succès. Mais enfin son amour pour Jésus-Christ lui coûta la vie. Irritées des progrès que, par ses soins, le christianisme faisait dans ces contrées, les autorités païennes se saisirent de Bénigne, l'emprisonnèrent et lui firent subir les supplices les plus cruels ; on lui scella même en dernier lieu les pieds avec du plomb fondu dans une pierre qu'on voyait encore du temps de Grégoire de Tours. On l'enterra près du lieu où il avait souffert, et son tombeau est l'origine de la célèbre abbaye dont nous venons de parler. Ce grand saint a toujours été en grande vénération à Dijon ; aussi est-ce sous son nom qu'a été baptisé notre illustre Bossuet.

L'église Notre-Dame, à Dijon, est un édifice d'un beau gothique, construit de 1252 à 1354. Elle a quatre-vingts mètres soixante-sept centimètres de long, dix-sept mètres trente-trois de large et douze mètres de hauteur. Dans le portail, dont la légèreté est extraordinaire, l'architecte a su allier la beauté du style grec à la délicatesse de l'architecture gothique. Sur toute l'étendue du porche, ouvert en triple cintre, il opéra le développement des voûtes sans l'emploi des contreforts destinés à empêcher l'écartement. Les massifs de toute la façade n'ont pas plus de vingt-huit centimètres d'épaisseur et servent de fond à deux péristyles placés l'un au-dessus de l'autre, et offrant chacun dix-sept colonnes d'un seul jet. Sur le côté qui regarde le midi s'élève le campanile de l'horloge. L'entrée de l'église est précédée d'un vaste porche qui était jadis orné d'une multitude de statues. Dans l'intérieur, l'œil se repose avec plaisir sur les galeries qui règnent autour de la nef, du chœur et des croisées. Rien n'est aussi délicat, aussi svelte que l'abside ou rond-point, décoré d'un superbe groupe de l'Assomption, chef-d'œuvre du sculpteur Dubois. La grande tour, qui s'élève sur le milieu de la croisée, partage la délicatesse du vaisseau.

Le chef des milices célestes, l'archange saint Michel, regardé comme le protecteur et l'ange tutélaire de la France, est honoré à Dijon d'une ancienne basilique latine, reconstruite au commencement du seizième siècle, les deux tours exceptées, qui ne furent achevées qu'en 1667. A l'extérieur cette église présente un aspect gothique, quoique tous les détails soient du style grec. Le portail de Saint-Michel, sur lequel on voit Minerve, Apollon, Vénus, Salomon et Judith, est vraiment remarquable. L'architecte dijonnais Hugues Sambin, élève de Michel-Ange, y a déployé tout le luxe de l'architecture. Sur un socle percé d'un triple cintre, orné de caissons, d'arabesques, de statues et de bas-reliefs, s'élèvent deux tours jumelles, décorées des cinq ordres d'architecture réunis, et couronnées de délicieuses coupoles octogones, terminées chacune par une boule de bronze doré. Au-dessus de la porte est un bas-relief composé de quarante figures représentant le jugement dernier.

L'intérieur, d'un style gothique pur, renferme des fresques remarquables du seizième siècle. Les clochers, avons-nous dit, ne datent que du dix-septième ; celui qui s'élève au point d'intersection du chœur et de la nef, est resté inachevé. La chapelle des Trois-Rois, sous le croisillon méridional, est une œuvre charmante de la Renaissance. On admire le riche trumeau qui partage la porte majeure en deux baies; la sculpture grecque n'a rien produit de plus délicat. Le vaisseau de cette église est long de cinquante-cinq mètres trente-trois, large de vingt mètres, et haut de vingt-un mètres trente-trois. Elle renferme un grand nombre de cénotaphes, et l'on remarque particulièrement dans une chapelle le mausolée en marbre noir et blanc érigé à la mémoire de Fyot de La Marche. C'est en l'honneur de l'archange patron de cette église et de la France que Louis XI créa l'ordre militaire de Saint-Michel (1er août 1469).

Dijon, ville dans laquelle le protestantisme trouva peu d'accès, renferme encore plusieurs autres églises : Saint-Jean, ancienne basilique où fut baptisé Bossuet; Saint-Étienne, qui, construite au dixième siècle, passe pour l'église la plus ancienne de Dijon ; mais elle est aujourd'hui transformée en halle au blé. De l'église Saint-Nicolas, il ne reste plus qu'une tour carrée; quant à Saint-Pierre, c'est une église moderne.

On remarque aussi à Dijon un château gothique flanqué d'énormes tours; le palais des États, commencé en 1367 par Philippe le Hardi et achevé par Charles le Téméraire, fils et successeur de Philippe le Bon, et le *puits de Moïse*. Dans le palais des États, bel édifice surmonté d'une tour majestueuse, s'assemblaient les états de Bourgogne quand Dijon était la capitale de la province. Le puits de Moïse, jadis placé au centre du grand cloître et construit de 1396 à 1399, a sept mètres quinze de diamètre ; au milieu s'élève un immense piédestal qu'entourent les statues de Moïse, David, Jérémie, Zacharie, Daniel et Isaïe, ce qui lui fit aussi donner le nom de *puits des Prophètes*.

CATHÉDRALE DE SENS

(Yonne)

Sens, chef-lieu d'un arrondissement du département de l'Yonne, l'un des quatre départements formés de l'ancienne province de Bourgogne, était autrefois, sous le nom d'*Agendicum,* le chef-lieu des *Senones* (Sénonais), peuple, au dire de César dans ses *Commentaires,* le plus ancien de la Gaule (*antiquissimi Gallorum Cenones*).

Les exploits des anciens Sénonais sont connus : sous la conduite de Brennus, ils s'emparèrent de Rome (390 avant Jésus-Christ), prirent part aux expéditions de Sigovèse, qui s'établit en Germanie, dans la région hercynienne, et de Bellovèse, qui s'empara de la contrée de l'Italie nommée depuis Gaule Cisalpine. Plus tard, ils se joignirent à celles qui conduisirent les Gaulois jusqu'au temple de Delphes (278), et firent au conquérant romain une longue résistance ; enfin, avec Vercingétorix, ils furent enveloppés dans la ruine commune. La défaite de Syagrius (486) livra la ville de Sens à Clovis.

Intéressante par sa situation dans une campagne fertile, sur la rive droite de l'Yonne, un peu au-dessous de son confluent avec la Vanne, Sens, d'abord évêché bailliage et présidial, chef-lieu d'élection et jouissant d'un gouvernement particulier, est maintenant archevêché. Cette ville, remarquable par la beauté et la variété de ses promenades, possède un tribunal de première instance, un tribunal de commerce, deux justices de paix, un lycée, un séminaire, une bibliothèque publique et un musée.

Sens est encore aujourd'hui en partie entourée de ses anciennes murailles, conservées, réparées et quelquefois défigurées dans les siècles féodaux, mais incontestablement de construction romaine. Elle renferme de nombreux monuments ; mais la cathédrale, l'un des plus curieux de notre architecture religieuse, est, sans contredit, le plus remarquable.

A dater du premier siècle de notre ère, l'histoire de la ville de Sens est celle de sa conversion au christianisme par saint Savinien, aidé de saint Potentien. Ces deux grands saints étaient du nombre des soixante-douze disciples de Notre-Seigneur. Ils suivirent saint Pierre à Antioche, puis à Rome, d'où le prince des apôtres les envoya prêcher la foi dans les Gaules. Ils se dirigèrent, en l'an 45 ou 46, vers Sens, et reçurent dans le faubourg, que l'on appelait le Vif, l'hospitalité d'un noble personnage nommé Victorinus. Ils l'eurent bientôt gagné à Jésus-Christ, avec toute sa famille et ses serviteurs, et baptisèrent ensuite Eodaldus et Sérotinus, dont la condition n'était pas moins élevée. Tous trois se dévouèrent généreusement au service de Dieu et furent faits diacres.

Voyant alors que le temps était venu de soumettre Sens à la foi, saint Savinien fit le tour des murailles de la cité, et, imprimant sur la pierre le signe de la croix, il la marqua comme appartenant désormais à Jésus-Christ. Mais la légende souvent, dans les premiers temps du christianisme, se mêle à la vérité ; aussi prétend-on que la pierre s'amollit sous son doigt et garda pendant plusieurs siècles l'empreinte du signe de la rédemption. Après cette prise de possession, qui avait pour but de mettre les démons en fuite, il prêcha l'Évangile avec tant de succès, qu'il lui fallut une église pour rassembler les nombreux fidèles que lui et ses compagnons baptisaient. Pour l'accomplissement de son projet, il choisit un temple des faux dieux et le dédia au Sauveur, après l'avoir purifié.

Il y avait déjà vingt ans que les saints missionnaires travaillaient à la conversion de cette grande ville, lorsque les apôtres saint Pierre et saint Paul furent mis à mort sur l'ordre de l'empereur Néron. Or, dit encore la légende, la nuit qui suivit leur martyre, ils apparurent à saint Savinien et lui ordonnèrent d'élever une basilique en leur honneur au lieu même où il se trouvait, et d'envoyer ses compagnons prêcher la foi dans les contrées voisines pendant qu'il resterait à Sens pour veiller sur son troupeau et l'augmenter. Le saint évêque fit donc construire la première église qui ait été dédiée au prince des apôtres, et elle devint célèbre dans toute la Gaule sous le nom de Saint-Pierre le Vif, parce qu'elle était située dans le faubourg du Vif, où il demeurait. Il bâtit ensuite trois églises au centre de la ville, sur l'emplacement d'un temple d'idoles qu'il avait détruit *par un signe*. Il consacra la première à la sainte Vierge, mère de Dieu ; la seconde à saint Jean-Baptiste, précurseur du Messie ; et la troisième à saint Étienne, premier martyr. Mais ces églises se touchaient, et il arriva que la dernière, qui était au milieu, absorba dans la suite les deux autres et devint l'église cathédrale.

CATHÉDRALE DE SENS

Cependant saint Potentien et d'autres saints missionnaires répandaient la foi dans tous les pays avoisinants, et faisaient des prosélytes même à Paris. Les prêtres païens s'en émurent. Alors, menacés de tous côtés et avertis par une révélation divine, les hommes de Dieu retournèrent à Sens auprès de saint Savinien. Celui-ci entreprit d'évangéliser Troyes et ses environs; les grandes conquêtes qu'il y fit au Christ le rendirent odieux aux prêtres des idoles, qui le firent chasser du territoire avec son diacre Sérotinus, après les avoir accablés de coups et d'outrages. Mais ces saints apôtres revinrent à Sens, joyeux d'avoir souffert pour Jésus-Christ et brûlant du désir de verser pour lui leur sang. Ils furent bientôt exaucés : le juge, qui s'appelait Sévère, fit comparaître devant lui saint Savinien, saint Altin et Victorinus, leur hôte. Comme ils confessèrent hautement leur foi, ils furent battus de verges et de cordes plombées ; puis on les enferma dans une prison, où Notre-Seigneur leur apparut pour les fortifier en leur donnant lui-même son corps en viatique.

Le lendemain, saint Savinien, saint Victorinus ou Victorin, avec son fils âgé de sept ans, ayant résisté aux séductions et aux menaces, furent condamnés à mort. Comme on les conduisait au supplice, saint Savinien obtint des gardes la permission d'entrer dans la crypte de l'église de Saint-Pierre le Vif, et choisit saint Potentien pour lui succéder; mais les licteurs, furieux de ces retards, entrèrent dans la crypte, et d'un coup de hache lui tranchèrent la tête pendant qu'il était incliné sur l'autel. Ils massacrèrent également Victorinus avec son fils et beaucoup d'autres chrétiens : tous furent enterrés dans la crypte.

Saint Potentien, devenu évêque de Sens, affermit son troupeau dans la foi, et, après avoir converti beaucoup d'idolâtres, il fut à son tour décapité, ainsi que plusieurs de ses coopérateurs. Après eux, une multitude de chrétiens souffrirent le martyre, et tous aussi furent enterrés dans les cryptes sablonneuses de Saint-Pierre le Vif.

On a vu plus haut que les trois chapelles élevées par saint Savinien et dédiées à Notre-Dame, à saint Jean-Baptiste et à saint Étienne, ne formèrent bientôt plus qu'une seule église, la cathédrale de la cité. Cette église prit d'abord la dénomination de Notre-Dame, et, plus tard, celle de Saint-Étienne. Mais deux fois ces constructions en pierre et en bois furent endommagées ou renversées, et deux fois elles furent relevées et rétablies par l'archevêque Venilon (841) et l'archevêque Atalde (907). Brûlées, quelques années plus tard, avec leurs archives, sous l'épiscopat d'Archambauld (968), elles firent place à une nouvelle basilique fondée par saint Anastase, vers 977. Cet évêque dirigea le plan de l'édifice jusqu'à la construction du chœur, et ce plan fut suivi après sa mort (997), à l'exception de la croisée, qui ne fut achevée que dans le treizième siècle. Tout en conservant l'ordre qu'elles avaient antérieurement, les trois chapelles furent réunies par les bas côtés.

Ce grand ouvrage fut terminé par le successeur d'Anastase, Sevin, qui en fit la dédicace en 999. Cet édifice ayant été considérablement endommagé par le feu, en 1184, Philippe-Auguste le fit restaurer et l'augmenta d'une tour, dite de plomb, à cause de la teinture dont on la couvrit postérieurement. En 1267, la tour de pierre s'écroula avec un fracas épouvantable et entraîna dans sa chute plusieurs maisons voisines. Longtemps après, Pierre de Charny, archevêque de Sens, entreprit de la relever, et l'archevêque Salazar, continuant l'œuvre de ses devanciers, éleva la nouvelle tour de pierre jusqu'à la lanterne qui la termine (1537), mais qui ne fut construite que sous le cardinal Duprat; elle mesure soixante-treize mètres de hauteur totale et possède encore deux cloches qui y furent placées vers la même époque, *Savinienne* et *Potentienne,* du nom des deux apôtres de Sens ; l'une pèse quinze mille cinq cent quatre-vingt-cinq kilogrammes, l'autre treize mille huit cent soixante-cinq. Ce ne fut donc que sous l'épiscopat de Salazar que la construction de la cathédrale que nous décrivons put être à peu près considérée comme achevée.

A l'extérieur elle présente plutôt l'idée de la solidité que celle de l'élégance. Les fenêtres sont étroites, les contreforts lourds et les murailles massives ; la façade principale, large de quarante-sept mètres, est divisée en trois portails de dimensions différentes et flanquée de deux tours. Le portail du milieu mesure treize mètres de largeur sur quatorze de hauteur. Il était autrefois richement décoré de statues et de sculptures ; mais elles ont subi, en 1793, de grandes mutilations ; il en reste cependant quelques vestiges, qui font vivement regretter la perte de cette admirable ornementation ; elle représentait des animaux emblématiques, des feuillages découpés et les signes du zodiaque. La statue de saint Étienne est seule encore debout, adossée au pilier central du portail du milieu. Mentionnons encore les piliers, les colonnes et les clochetons de la tour de Pierre ; le campanile, à huit pans, qui s'élève à l'angle sud-ouest, le portail latéral du sud, avec sa grande verrière représentant la résurrection des morts et le jugement dernier ; enfin le portail latéral du nord, un des chefs-d'œuvre de la sculpture gothique du seizième siècle, et une large fenêtre rayonnante en guise de rosace, qui produit le plus bel effet. Mais les tours carrées, peu élevées, qui couronnent la façade, lui donnent un aspect lourd et massif. Elle mesure dans œuvre cent onze mètres soixante, et vingt-quatre mètres de haut. Plusieurs archéologues la considèrent comme la plus ancienne des églises ogivales.

A l'intérieur, la cathédrale présente un vaisseau gothique d'une vaste dimension et d'un bel ensemble ; les proportions en sont, dans toutes les parties, un peu au-dessous de celles de Notre-Dame de Paris ; l'architecture semble en être aussi moins svelte et plus lourde. Ce qui frappe tout d'abord en entrant dans la nef, c'est la disparité des styles qui ont présidé à la construction de l'édifice : « Le style roman tertiaire, dit l'auteur de la *France monumentale,* domine dans les nefs et dans le chœur. Les bas côtés du sanctuaire sont du onzième siècle ; les transepts, du dixième, et la plus grande partie des nefs, du commencement du treizième ; enfin, les trois premières arcades de la nef du milieu, du côté droit, touchent à la Renaissance. » Les chapelles sont au nombre de vingt : dix autour de la nef, et pareil nombre autour du chœur.

Les colonnes, les voûtes, les fenêtres de la grande nef annoncent par leur caractère l'époque de transition du style romano-byzantin au style ogival, et, sous ce rapport, comme il a été dit plus haut, cet édifice offre un sujet précieux pour les études de l'archéologue. Les vitraux, attribués pour la plupart à Jean Cousin, sont des chefs-d'œuvre du genre ; deux de ces vitraux ornent l'une des chapelles latérales, dédiée à saint Eutrope. Au-dessus de l'autel on remarque un charmant bas-relief daté de 1534 et représentant la Passion.

Le maître-autel est placé au centre de quatre colonnes corinthiennes en marbre ; elles supportent un baldaquin, élevé en 1742, d'après les dessins du Florentin Servandoni, peintre, décorateur et architecte, auquel on doit la façade de l'église Saint-Sulpice, à Paris. Au chevet de l'église, derrière le rond-point du chœur, est la chapelle de Saint-Savinien. Un fort bel ouvrage en stuc représente le martyre de ce premier évêque de Sens : la figure du saint et celle du soldat qui le frappe de sa hache, sont pleines de vérité et d'expression.

Au milieu du chœur on remarque le mausolée du Dauphin, fils de Louis XV, qui y a été inhumé, ainsi que Marie-Josèphe de Saxe, son épouse. Ce mausolée, en marbre blanc, est dû au ciseau de Guillaume Coustou. Le Dauphin, en l'honneur duquel il a été érigé, était le père des trois derniers rois de la branche aînée des Bourbons. La première figure sculptée sur ce monument est celle de l'Amour conjugal, dont les regards se dirigent sur un enfant qui, placé à ses pieds, brise l'Hyménée. Sur le dernier plan apparaît la figure du Temps, couvrant d'un voile funéraire deux urnes unies ensemble par des guirlandes de cyprès et d'immortelles. Sur le devant du monument le Génie des sciences et des arts paraît plongé dans la douleur, tandis que l'Immortalité réunit en faisceau les attributs symboliques des vertus des deux époux, et que la Religion pose sur leurs urnes une couronne.

L'église métropolitaine de Sens renfermait autrefois les mausolées, maintenant détruits, de l'archevêque Salazar, de l'archevêque Duperron et de Jean Duperron, son neveu; il en a été de même, du moins en partie, de celui du cardinal Duprat, chancelier de France. Ce dernier mausolée se composait d'un corps mort, couché tout étendu sur la pierre, paraissant rongé des vers; il offrait ainsi un vrai modèle et une parfaite imitation du triste sort que la nature réserve à chacun de nous. Les bas-reliefs qui entourent la base du cénotaphe sont de la plus grande beauté; leur longueur totale est de cinq mètres. On y remarque Duprat siégeant à la chancellerie, son entrée à Paris en qualité de légat du saint-siège, l'assemblée du concile qu'il présida, et le cortège funèbre qui accompagnait le corps du cardinal défunt. Ces bas-reliefs se font remarquer par un dessin correct, des airs de tête remplis de finesse et d'expression, des costumes heureusement reproduits et fidèlement rendus. Tous ces débris ont été réunis dans une chapelle sous l'invocation de sainte Colombe et reconstruite en 1846.

Nous voudrions encore décrire en détail les nombreuses richesses dont se compose le trésor de la cathédrale de Sens, mais cela nous entraînerait trop loin; qu'il nous suffise de dire qu'il est peut-être le plus riche de France et qu'il offre, au point de vue archéologique, le plus grand intérêt.

Outre la cathédrale, dont nous venons de parler, Sens possède trois églises remarquables à divers titres : Saint-Savinien, qui date en partie du onzième siècle; sous le sanctuaire de cette église est une crypte en forme de salle quadrangulaire, qui ne présente aucun ornement; Saint-Maurice, commencée au seizième siècle, qui se distingue par son pignon ogival en bois et son clocher aigu, et Saint-Jean de l'Hôpital, remarquable par son abside, du seizième siècle.

Un des plus anciens et des plus remarquables monuments de la ville de Sens, après ceux que nous venons de décrire, est l'*officialité*, très habilement restaurée par Viollet-le-Duc. Ce monument, dont le nom indique la destination primitive, était en effet le tribunal, le local du juge de cour d'Église, qui tenait la place de l'évêque ou de l'archevêque, et exerçait sa juridiction ordinaire. A l'officialité est relié l'archevêché.

La bibliothèque, installée dans les bâtiments de la mairie, est aussi fort intéressante ; elle se compose de dix mille volumes environ, de cent cinquante manuscrits et de quatre mille pièces d'archives. Parmi les manuscrits on remarque le *Libellus Evangeliorum* (in-4° du treizième siècle) et le diptyque qui sert de couverture au fameux missel connu sous le nom d'*Office de la fête des Fous et de l'Ane*.

On conserve ce livre comme l'un des monuments les plus curieux de la folie humaine. Cette fête grossière, imitation des saturnales, se célébrait aux fêtes de Noël ; l'âne en était le héros. Vêtu d'une belle chape, on le conduisait en cérémonie à l'autel en chantant : *Orientis partibus, adventavit asinus pulcher*, etc. ; le cri de l'âne était le refrain, et tous les assistants finissaient par braire en chœur.

Plusieurs conciles ont été tenus à Sens ; le plus célèbre est celui de 1140, convoqué par l'archevêque Sanglier. Saint Bernard et Abeilard s'y trouvèrent en présence. Ce dernier, bien que très habile et audacieux dialecticien, fut comme frappé de stupeur quand il se trouva en face de son austère contradicteur ; il perdit contenance, demeura confondu, et fut condamné.

ÉGLISE DE LA MADELEINE

A VÉZELAY (Yonne)

Ne sortons pas du département de l'Yonne sans parler de Vézelay (*Viziliacum*) et surtout sans décrire son église, l'une des plus remarquables de la Bourgogne, province qui compte tant de monuments de premier ordre.

Vézelay est située sur la limite sud du département, au sommet d'une haute colline s'élevant abruptement dans la vallée de la Cure, affluent de l'Yonne. Cette ville, qui possédait avant la Révolution une élection, un bailliage, un grenier à sel, une gruerie ou tribunal pour les eaux et forêts, et relevait du diocèse d'Autun ainsi que du parlement et intendance de Paris, n'est plus aujourd'hui que le chef-lieu d'un canton dépendant de la sous-préfecture d'Avallon.

Comme la plupart des villes du moyen âge, Vézelay dut à une fondation pieuse son importance et sa célébrité. Nulle part, avant le neuvième siècle, ne se rencontre le nom de Vézelay ; ce bourg remonte probablement au temps de l'autonomie gauloise et dut appartenir à la république éduenne ; car lorsque le nom de Viziliacum paraît pour la première fois dans l'histoire, c'est pour désigner un bourg dépendant du *pagus* d'Avallon. Mais vers 862, Gérard de Roussillon, l'un des héros du moyen âge, dont la vie appartient autant à la poésie qu'à l'histoire, fonda en cet endroit un monastère qui, par l'éclat qu'il jeta, tira Viziliacum de son obscurité.

Favori de Louis le Débonnaire et successivement comte de Paris, duc de Bougogne, régent ou plutôt roi de Provence, Gérard joua un rôle actif et considérable dans les événements politiques de son temps. Sa lutte contre Charles le Chauve qui le persécuta ; ses succès, ses revers, ont inspiré aux troubadours une longue épopée dans laquelle, au milieu des fables merveilleuses que poètes et romanciers ont accumulées, se suit avec peine l'histoire.

Le monastère, fondé sur le sommet de la montagne par Gérard de Roussillon, dominait alors, non pas une ville, mais un château fort appartenant à la reine Judith, femme de Louis le Débonnaire. Gérard de Roussillon et Berthe, son épouse, fille de Pépin, roi d'Aquitaine, obtinrent de cette reine la terre de Vézelay. Ayant eu, quelque temps après, la douleur de perdre leur fils unique, ils firent construire au pied de la montagne, sur les bords de la Cure, un monastère de filles vouées à la règle de Saint-Benoît. Ève, leur fille, en fut, de leur consentement, la première abbesse. Mais à peine fondée, cette abbaye fut saccagée et détruite par les barbares normands ou sarrasins. De ce couvent de religieuses, qui ne subsista guère qu'une douzaine d'années, il ne reste que l'église, aujourd'hui paroisse de Saint-Jean-sous-Vézelay, remarquable par la délicatesse de son architecture.

Cette catastrophe ne découragea pas Gérard; il établit le monastère dans un emplacement moins exposé à pareil désastre, dans l'enceinte même du château de Vézelay, au sommet de la hauteur; mais, au lieu de religieuses, il y mit des moines du même ordre, sans doute à cause de la nouvelle situation du couvent au milieu d'une place de guerre. Ces moines, auxquels il avait fait remise des droits seigneuriaux et de toute autre juridiction que celle de la cour de Rome, subsistèrent jusqu'en 1537, époque à laquelle ils furent remplacés par des chanoines séculiers.

Un corps saint, réputé pour celui de sainte Madeleine, on ne sait à quelle époque, peut-être lors de la reconstruction du monastère, fut apporté à Vézelay. La sainte, suivant Hugues de Poitiers, moine de l'abbaye et son premier historien, avait indiqué par un miracle le choix qu'elle faisait de ce lieu; mais l'origine de ces reliques étant incertaine, leur authenticité fut quelque temps contestée; le culte en avait même été interdit à Vézelay par un évêque d'Autun, lorsque, par une lettre, le pape Pascal II l'autorisa et le rendit populaire. A partir de ce moment, l'abbaye, si puissante dès son origine à cause de ses grands biens, de ses privilèges et surtout de son indépendance, devint le but de nombreux pèlerinages et l'une des plus célèbres de France. A la fin du onzième siècle, sur le tombeau renfermant les précieuses reliques de sainte Madeleine, on éleva une magnifique église, continuée et achevée par l'abbé Artaud, et le même pape Pascal II en fit, en 1104, sous l'invocation de la sainte, la dédicace solennelle.

Au commencement du douzième siècle, les moines de Vézelay adoptèrent la réforme de Cluny et reconnurent la suprématie de leurs abbés; mais ils ne tardèrent pas à s'en affranchir, non sans luttes toutefois, qui aboutirent à l'in-

L'ÉGLISE DE VÉZELAY

cendie du monastère, dans lequel, suivant la chronique de Saint-Maixent, onze cent vingt-sept personnes périrent de mort violente. L'enthousiasme des croisades suspendit pendant quelque temps les dissensions civiles et les difficultés élevées entre les abbés de Vézelay et les comtes de Nevers, qui, héritiers des droits du comte Gérard, essayèrent à plusieurs reprises, contre la volonté de celui-ci, de faire rentrer le bourg de Vézelay sous leur autorité seigneuriale.

C'est en 1146 que Louis VII et tous les grands du royaume, réunis en assemblée générale à Vézelay, délibérèrent sur la situation des chrétiens de la terre sainte, dans la vallée d'Asquins, au pied de la montagne. Saint Bernard, représentant le pape, absent, dans cette espèce de concile, harangua la multitude, et l'on y fit le serment de partir pour la Palestine. Pour perpétuer le souvenir de ce concile, une église, sous le nom de Sainte-Croix, fut fondée à Vézelay et consacrée par le légat du saint-père.

Vézelay prit aussi part à l'agitation pour l'affranchissement des communes : Hugues de Saint-Pierre, riche étranger, devint l'âme de cette conjuration. Secondés par le comte de Nevers, les habitants renoncèrent à leur foi envers l'abbé, jurèrent tous de se défendre l'un l'autre, de n'avoir qu'une seule volonté et se constituèrent en commune. Ils formèrent une confédération dans laquelle entra le comte de Nevers, qu'ils reconnurent pour leur suzerain, et s'entourèrent des signes extérieurs qui annonçaient ce changement d'état ; surtout ils élevèrent, chacun selon sa richesse, autour de leurs maisons des murailles crénelées, alors marque et garantie du privilège de liberté. L'abbé de Sainte-Marie se retira à Cluny, obtint du pape l'excommunication des bourgeois de Vézelay et implora l'appui de Louis le Jeune, qui, en 1155, dirigea un corps d'armée sur cette ville. Les habitants, abandonnés par le comte de Nevers, s'en rapportèrent à la décision du roi, qui les condamna à payer à l'abbé quarante mille sols, et leur enjoignit de démolir leurs fortifications, condition que l'abbé ne put faire exécuter que longtemps après.

Vers 1167, l'hérésie qui s'était répandue dans le midi de la France eut aussi ses adeptes à Vézelay ; leurs dogmes avaient quelques rapports avec ceux des Albigeois. C'est encore à Vézelay que Thomas Becket, exilé d'Angleterre, se retira et prêcha devant un concours immense réuni dans l'église de l'abbaye ; et que, en 1190, Philippe-Auguste et Richard Cœur de Lion se réunirent, avant de partir pour la croisade. En 1206, l'abbé Hugues, nommé d'une voix unanime par le chapitre, fut déposé par Innocent III pour avoir endetté l'abbaye, et, en 1210, fut fondé, dit-on, à Vézelay le premier couvent de Cordeliers.

Par une bulle expresse, Martin IV, en 1282, déclara que Vézelay possédait *seule* les véritables reliques de sainte Madeleine, confirmant ainsi la lettre par laquelle nous avons vu que Pascal II en avait autorisé le culte. Cette croyance, déjà bien établie par la dévotion générale, s'en accrut à ce point que maisons et cloîtres, aux jours de fêtes solennelles, ne pouvant contenir l'affluence des pélerins, on leur faisait payer chèrement le droit de bivouaquer dans les rues, couvertes de paille pour la circonstance.

En 1519, naquit à Vézelay le fameux Théodore de Bèze, et, en 1560, Odet, cardinal de Châtillon, était abbé de cette ville, que les protestants, en 1569, enlevèrent par surprise et saccagèrent. Le monastère eut beaucoup à souffrir du vandalisme des vainqueurs, qui brisèrent les reliques, pillèrent le trésor, mutilèrent les statues des saints, et de l'église firent un manège et une écurie. C'est probablement alors que fut détruite la châsse de sainte Madeleine, dont la disparition, d'ailleurs, n'a jamais été clairement expliquée. Au mois d'octobre de la même année, Charles IX tenta, mais sans succès, de reprendre Vézelay; ce ne fut qu'à la paix de 1570 que la bannière royale reparut sur ses murs.

Comme dans les trois sièges que cette ville avait eu à souffrir, l'église avait été fort endommagée, en 1604, Érard de Rochefort, abbé de Vézelay, entreprit de la réparer. C'est à lui qu'on doit les stalles en bois assez belles qu'on voit encore aujourd'hui dans le chœur. L'avant-dernier abbé, Berthier de Sauvigny, homme de plaisirs, fit abattre, pour s'installer plus commodément, le palais abbatial, très vaste pourtant, qui s'élevait au midi de l'église, et qu'il remplaça par un château moderne, lequel fut à son tour détruit à la Révolution. Une promenade en occupe aujourd'hui l'emplacement.

Comme le chapitre lui-même avait été supprimé en 1790, avec lui avaient disparu tous les établissements qui donnaient de l'importance à la ville; il ne lui restait plus que sa magnifique église abbatiale de la Madeleine, mais elle était en ruine ! Aux dévastations qu'elle avait souffertes pendant les troubles religieux, avaient succédé les mutilations révolutionnaires; plusieurs fois aussi elle avait été frappée de la foudre, qui même, en 1819, incendia l'une des tours. Heureusement, curieux de conserver à Vézelay ce dernier souvenir de sa grandeur passée, le gouvernement confia au célèbre architecte Viollet-le-Duc le soin de restaurer cette église. Les travaux durèrent vingt années; mais, très habilement restaurée, elle est désormais classée au nombre des monuments historiques, dont elle est un des plus beaux.

Bâtie sur le sommet de la montagne, élevée de cent soixante mètres au-dessus du niveau de la Cure, l'église de la Madeleine domine toutes les maisons de la ville et jouit, par sa situation, d'une vue d'une étendue immense. Elle a la forme d'une croix latine, est régulièrement orientée, mais avec une déviation légère de son axe à partir du chœur. Cette déviation, évidemment calculée, très commune dans les églises du moyen âge, est plus rare dans les églises romanes. L'aspect extérieur de l'église de Vézelay indique plusieurs constructions distinctes et successives ; mais le style roman, qui domine, donne à tout l'édifice un caractère sévère. La façade, qui n'a jamais été terminée, a trois portes en plein cintre, ornées de sculptures ; ces trois portes indiquent les trois nefs de l'église ; au-dessus de la porte du milieu, une espèce de fronton, resté inachevé, présente une ogive à jour, divisée par quatre meneaux et percée de cinq fenêtres de hauteur inégale. Sur ces meneaux s'appuient des statues d'apôtres. Deux belles tours carrées, datant du douzième siècle, flanquaient le portail ; mais une seule, celle du midi, a été conservée. La façade est couverte ou plutôt cachée sous des ornements plus remarquables par leur richesse que par leur élégance. Ce fronton remonte au treizième siècle, peut-être au quatorzième. On remarque, en longeant les murs extérieurs, une corniche élégante supportant le toit et couronnant tout l'édifice. Cinq chapelles rayonnent autour du chevet. Là, un changement de style se manifeste avec évidence, et les longues fenêtres en lunette qui éclairent ce chevet, contrastent fortement avec les larges fenêtres cintrées de la nef.

A l'intérieur, l'église se divise en deux parties bien distinctes, formant comme deux églises. Par les trois portes mentionnées plus haut, on entre dans la première, appelée encore aujourd'hui *l'église des catéchumènes*, et mesurant cinquante-cinq mètres de long. Elle fut ajoutée à la construction primitive vers l'an 1140. Ce narthex se compose de trois travées avec bas côtés, tribunes et galeries. On entre ensuite dans la grande église par trois autres portes correspondant à celles de la façade. Ces portes sont ornées d'archivoltes merveilleusement travaillées. La grande église a soixante-cinq mètres de long ; de chaque côté s'élèvent onze piliers, dont les chapiteaux sont formés de figures grotesques. Les arcades et les fenêtres de la nef sont toutes en plein cintre. Dans les collatéraux, ces dernières s'évasent considérablement à l'intérieur. Le chœur, dont la voûte et les arcades sont en ogive, est magnifique ; il faut monter quatre marches pour y entrer. Neuf piliers ronds, d'une seule pierre, l'entourent ; un dixième est remplacé par deux colonnes accouplées. Comme la nef, le chœur, qui a vingt-trois mètres d'élévation, est entouré de bas côtés latéraux. Au-dessous est une crypte ou grotte souterraine, soutenue par douze colonnes à chapiteaux, en cône renversé, presque dépourvus d'ornements. On y conservait autrefois les reliques de sainte Marie-Madeleine.

Suivant Viollet-le-Duc, ce chœur, ainsi que le transept, est un des plus beaux spécimens de l'architecture bourguignonne. Autour du chœur extérieur sont des restes de chapelles sépulcrales.

Dans œuvre, l'église de la Madeleine a cent vingt mètres de long, dont vingt et un pour l'église des catéchumènes. On y remarque une dalle tumulaire du quatorzième siècle, et une chaire en bois du dix-septième siècle très délicatement sculptée. Le long de l'église, à l'est et au sud des cloîtres, s'étend une belle terrasse plantée d'arbres séculaires ; elle faisait partie de l'abbaye. On y jouit d'une vue splendide sur la vallée de la Cure ; mais c'est surtout de la plate-forme de la tour que le panorama est remarquable. De là le regard embrasse une grande partie de l'Yonne, de la Nièvre et de la Côte-d'Or.

Au sud de l'église de la Madeleine on voit de larges pans de murs et des traces de fondations considérables, qui attestent l'ancienneté de Vézelay. A peu de distance s'élève un bâtiment dépendant autrefois de l'ancien cloître, auquel communiquait la belle *salle capitulaire* (fin du douzième siècle), que l'on admire encore, et qui avait été transformée en église d'hiver. Ce bâtiment a été restauré récemment. Le cloître possède une belle citerne du douzième siècle. De la même époque est l'église ruinée de Saint-Étienne. L'église des Cordeliers et le couvent qui lui était contigu n'offrent plus également que des ruines. Des murailles fortifiées qui entouraient Vézelay et son abbaye, il ne reste que des débris et la porte Neuve, qui semble dater du quinzième siècle ; elle est ornée de quelques sculptures assez fines.

Deux tours rondes à mâchicoulis et à créneaux, et quelques maisons du douzième siècle achèvent de donner à ce bourg un aspect très pittoresque.

NOTRE-DAME DU PUY-EN-VELAY

(Haute-Loire)

Le Puy-en-Velay, *civitas Vellavorum* et *Anicium* chez les anciens, *Podium*[1] au moyen âge, tire son nom actuel du mot celtique *puich* ou *puech*, qui veut dire montagne. C'est, en effet, sur les flancs d'une montagne, sur le mont *Anis* (*Anicium*), isolé au milieu d'une vallée fertilisée par le Dolaison et la Borne, que se déploie en vaste amphithéâtre, de l'est à l'ouest, la ville du Puy. Mais elle s'étend aussi dans la plaine; d'où sa division en ville haute et en ville basse. Des brèches volcaniques se montrent sur le versant sud-est.

Cette ville, que rendent intéressante ses beautés naturelles et sa situation, est remarquable aussi par ses églises, dont une, Saint-Laurent, renferme le tombeau de Du Guesclin. Un magnifique boulevard, qui sépare la ville des faubourgs, et les deux jolies promenades du Breuil et de Breteuil contribuent à l'embellissement du Puy, patrie du cardinal de Polignac. Le pays a pour principale ressource l'industrie de la dentelle; il en est redevable à saint François Régis, qui, au commencement du dix-septième siècle, l'introduisit dans les Cévennes.

Le Puy, comme tant d'autres villes, a eu beaucoup à souffrir des guerres de religion. Dans sa partie haute, où l'on remarque la cathédrale, le palais épiscopal, etc., il conserve quelques-unes de ses rues étroites, montueuses et pavées de galets volcaniques; dans la partie basse, au contraire, sont de longues rues et de belles maisons; on y voit l'hôtel de ville, les palais de justice et commercial, le lycée, etc.

A quelques centaines de pas de la ville, dans la gracieuse vallée de la Borne,

---

1. Élévation, amphithéâtre.

l'église très ancienne de Saint-Michel d'Aiguilhe couronne un dike volcanique conique, haut de quatre-vingt-cinq mètres. On arrive au sommet par un escalier de deux cent vingt marches, qui serpente sur l'un des flancs de cet obélisque naturel. Au-dessus du mont Anis se dresse le rocher Corneille, dike gigantesque et escarpé, formé de brèches volcaniques plus anciennes que les brèches à ossements humains du volcan de Denise, l'une des sept collines qui, autour de la ville, accidentent la vallée. On gravit ce rocher par des marches pratiquées dans le roc, comme le sont celles du dike volcanique que couronne l'église de Saint-Michel.

Diverses plates-formes étagées sur le rocher Corneille portent encore des vestiges de tours et de murs crénelés, restes de fortifications très anciennes. Au sommet, à cent trente mètres au-dessus de la place du Martouret, a été érigée, en 1860, la statue colossale de Notre-Dame de France, coulée en fonte, d'après le modèle de M. Bonassieux, avec deux cent treize canons pris sur les Russes à Sébastopol; sa hauteur est de seize mètres et son poids de cent mille kilos. Elle repose sur un piédestal octogonal de huit mètres; son front est couronné; de son pied droit elle écrase la tête du serpent infernal, et sur son bras droit elle porte l'enfant Jésus bénissant la ville. Trente-trois marches en pierre conduisent sur le piédestal, cinquante-sept en fonte à une plate-forme pratiquée dans la tête de la statue, et enfin une échelle en fer de seize échelons au sommet de la couronne. Les cheveux de cette Vierge ont sept mètres de long, et le serpent dix-sept mètres. Du point où la statue est posée, on embrasse des yeux la ville, le rocher d'Aiguilhe, Polignac, Espaly, remarquable par ses beautés naturelles, entre autres, les colonnades basaltiques connues sous le nom d'*orgues d'Espaly;* la fraîche vallée de la Borne, celle de la Loire, les volcans du Velay, le mont Mézenc, le Meygal, etc.; on y jouit enfin d'une des plus belles vues de France.

Vu de la route de Lyon, le rocher Corneille offre, dans une anfractuosité, le profil parfaitement ressemblant de Henri IV. C'est bien la figure allongée, le nez bourbonien, l'œil narquois de ce prince; et, chose étrange, un lierre est venu croître vers la partie inférieure de la figure et former ainsi la barbe du Béarnais.

Le Puy n'est pas seulement remarquable par ses beautés naturelles; il abonde aussi en antiquités romaines et gallo-romaines. En effet, près du mont Saint-Michel est un temple antique bien conservé, autrefois, dit-on, consacré à Diane; quelques vestiges d'un ancien temple d'Apollon et les ruines d'un château.

L'ESCALIER DE NOTRE-DAME DU PUY

Tout ce qu'on vient de lire montre suffisamment que le Puy est une ville intéressante et curieuse à visiter, et pourtant c'est moins peut-être à sa situation pittoresque, à ses beautés naturelles, qu'elle doit sa célébrité qu'à l'origine miraculeuse de sa cathédrale, consacrée à Notre-Dame; miraculeuse, en effet, car voici ce qu'on raconte à ce sujet :

Une dame gauloise convertie et baptisée par saint Évode, premier évêque du Puy et septième successeur de saint George, apôtre de l'Auvergne, tomba gravement malade. Déjà, se croyant près de mourir, elle avait fait à Dieu le sacrifice de sa vie, lorsque tout à coup elle crut entendre une voix lui disant qu'elle retrouvera la santé sur la cime d'un puy ou mont voisin de sa demeure. Obéissant à cette voix du Ciel, elle se fit transporter sur ce rocher volcanique, et dans un doux sommeil, qui s'empara de ses sens, il lui sembla voir une femme d'une beauté incomparable, entourée d'un cortège nombreux d'esprits célestes.

Et dans son ravissement : « Quelle est, s'écria la malade, cette reine, éblouissante de beauté, qui vient à moi dans ma détresse? — C'est, lui répondit un ange, la reine des cieux qui se présente à vous. Elle affectionne ce rocher, et, par ma voix, elle vous charge d'en prévenir l'évêque, son serviteur. Pour preuve que ce que vous voyez et entendez n'est pas un vain songe, femme, ajoute-t-il, levez-vous, vous êtes guérie. » La malade au même instant s'éveilla, et avec la vision disparurent sa fièvre et sa langueur. Ainsi revenue miraculeusement à la santé, elle se hâta de courir chez l'évêque et lui raconta le merveilleux événement accompli en sa faveur.

Mais là ne se borna pas le prodige; saint Évode étant monté au rocher, le trouva, quoiqu'on fut en plein juillet, tout couvert de neige. Le saint évêque en était fort surpris lorsque tout à coup, sous ses yeux, s'élança un cerf qui, de ses pieds légers, traça le plan d'une église et rentra dans le bois voisin. Le prélat fit cerner d'une palissade l'enceinte marquée d'une façon si extraordinaire, et, peu de jours après, jeta sur cette terre favorisée les fondements de la cathédrale du Puy. Cette tradition remonte au vi° siècle.

Ce n'est pas seulement à cette origine miraculeuse que ce sanctuaire de la Vierge immaculée doit sa célébrité et la vénération dont il est l'objet, c'est aussi à la précieuse image de Marie que des pèlerins, précurseurs des croisades rapportèrent de la Palestine au Puy. Elle était noire, et de toutes les statues de Marie, excepté peut-être Notre-Dame de Chartres, elle est la plus ancienne. Comme sa mère, l'enfant Jésus est noir, dit Faujas de Saint-Fond[1]; mais

1. *Recherches sur les volcans éteints du Vivarais.*

celle-là, placée sur un autel à la romaine et surmontée d'un baldaquin, est vêtue d'un grand manteau d'étoffe d'or chargé de pierres précieuses et de petits reliquaires fort riches. Ses pieds sont chaussés de souliers de drap d'or, et sur sa tête est, en manière de casque, une couronne d'une façon antique. Une seconde couronne, d'un style plus moderne, est suspendue au-dessus de son front, et plusieurs rangs de très petites perles fines pendent derrière son cou, en guise de cheveux; ses yeux sont peints et recouverts de deux portions demi-sphériques de verre ou de cristal, qui leur donnent un éclat singulier. La statue a un peu moins de deux pieds (quatre-vingts centimètres) de hauteur. Elle est assise à la façon de certaines divinités de la vieille Égypte. Le dessin en est dur et sauvage comme l'œuvre de quelque peuple primitif. Elle est en cèdre incorruptible, tout enveloppée de petites bandelettes de toile fine, très soigneusement et très solidement collée sur le bois, selon la méthode égyptienne.

Sur ces données, Faujas de Saint-Fond et plusieurs autres ont pensé que la sainte image du Puy n'était peut-être qu'une ancienne statue d'Isis ou d'Osiris; car, ajoutent-ils, on a vu quelquefois de précieuses statues antiques changer de destination, ce qui est vrai; mais ce n'est point ici le cas: cette sainte image a toujours été vénérée, et, par suite de vœux, y sont venus en pèlerinage les personnages les plus éminents, les papes Urbain II et Gélase II; les rois Louis VII, Philippe-Auguste, saint Louis, Philippe le Hardi, Philippe le Bel, Charles VI, Charles VII, Louis XI, François Ier et bien d'autres princes qu'il serait trop long d'énumérer. C'est que le souvenir de l'origine de cette sainte image ne s'était jamais effacé; on racontait même qu'elle venait d'un petit temple d'Arabes qui, les premiers, dans les déserts des confins de l'Égypte, avaient honoré Marie et sculpté son image à la manière des arts du pays; et le culte de cette tribu d'Arabes pour Marie venait des récits que firent, en sortant de l'étable de Bethléem, les bergers qui y étaient allés adorer l'enfant Jésus.

Ce n'est pas d'ailleurs sur une simple tradition que s'appuie ce que nous venons de raconter, mais sur les historiens arabes, qui mentionnent cette circonstance. L'un d'eux, El Azhraki, rapporte que la figure de la Vierge Marie, avec le jeune Aïssa (Jésus) sur les genoux, était sculptée, comme une divinité, devant une des colonnes les plus proches de la Kaaba (maison sacrée) et qu'on l'y voyait encore du temps de Mahomet. A la nouvelle du massacre des Innocents, dit encore le même historien, cette même tribu arabe se leva tout entière, attaqua le roi Hérode et lui fit une guerre acharnée, qui ne se termina que sous ses fils.

Tous ces témoignages, sans doute, attestent l'authenticité de la Vierge noire du Puy, mais celle que l'on y expose aujourd'hui à la vénération des fidèles sous un riche baldaquin chargé d'*ex-voto* en or, est-elle bien la fameuse statue apportée de l'Orient? Non, si comme on l'affirme, elle a été brûlée pendant la Révolution. Quoi qu'il en soit, on comprend facilement que cette image, placée dans la chapelle bâtie autrefois par le pieux Évode, ait été promptement entourée d'habitations qui ont formé la ville du Puy.

C'est là en effet que, depuis bien des siècles, sont allés et vont encore en pèlerinage gens de toute condition, grands et petits, riches et pauvres. Mais l'affluence des pèlerins à l'antique église de Notre-Dame du Puy est surtout considérable lorsque le 25 mars, fête de l'Annonciation, coïncide avec le vendredi saint. Voici la raison que, dans ses légendes de la Vierge, en donne M. Collin de Plancy :

« Un ermite de Thuringe, se croyant à tort doué du don de prophétie, avait prédit que le jour où la fête de l'Annonciation, prélude de la rédemption des hommes, tomberait le vendredi saint, jour où cette rédemption s'est consommée, serait celui de la fin du monde. Cette prédiction peu à peu se répandit et jeta d'universelles alarmes dans une année où, comme en 1842, Pâques se trouvait tomber le 25 mars. Dans le midi de la France, principalement, la terreur fut à son comble. Mais le saint-siège calma l'effroi général en démentant cette prétendue prophétie, et en accordant, au contraire, à l'église de Notre-Dame du Puy, pour toute année où le vendredi saint et l'Annonciation se rencontreraient le même jour, un jubilé riche d'indulgences. Les terreurs alors disparurent, la prédiction perdit tout crédit, et la fin du monde est encore à venir. »

La cathédrale du Puy, objet de la vénération générale, est située au sommet de la ville, au pied du rocher Corneille. Sa disposition est unique, dit M. Viollet-le-Duc, et, très pittoresque dans sa structure ; elle offre, du sixième siècle au quinzième, des constructions de toutes les époques. La principale avenue de cet édifice hardi et bizarre est fort remarquable. C'est d'abord une suite de plans inclinés qui se haussent les uns sur les autres et qu'il faut franchir pour parvenir au frontispice méridional de l'église. Là s'ouvre une belle voûte de vingt mètres environ de hauteur sous clef, recouvrant un magnifique escalier de cent dix-huit degrés, qui conduit jusqu'à la porte principale, ornée de deux belles colonnes de porphyre rouge. La façade, d'un effet très pittoresque, n'a point de caractère déterminé ; elle tient également

13

du roman et du gothique et offre quatre ordonnances de colonnes avec des portiques dont tous les arcs sont à plein cintre.

Dans le principe, c'est-à-dire au sixième siècle, l'intérieur de cette église, construite sur le plan d'une basilique, fut ensuite transformé en croix grecque, avec coupole et lanterne au centre, et reçut enfin au onzième et au douzième, par l'allongement de ses trois nefs, basses, lourdes et divisées par de gros piliers, la forme d'une croix latine, qui lui a été conservée dans les récentes restaurations dont elle a été l'objet. La nef du milieu est partagée en deux chœurs, l'un en face de l'endroit où se trouvait autrefois la porte d'entrée; l'autre placé à l'opposite, sur la voûte même qui recouvre le grand escalier. Le maître-autel est en marbre; l'orgue et la chaire, chargés de sculptures, sont fort beaux. Des trois absides, deux sont rectangulaires, la troisième (fin du quinzième siècle) est polygonale. Le clocher, qui est isolé et paraît avoir été construit vers le douzième siècle, atteint une grande hauteur. Enfin on remarque les deux porches ou vestibules romans du For et de Saint-Jean, qui donnent entrée dans l'église.

Près de Notre-Dame s'ouvre un cloître, formé de quatre galeries voûtées et portées sur des arcades à plein cintre, avec colonnes et chapiteaux. La plus ancienne de ces galeries rappelle l'architecture carolingienne; deux paraissent être du onzième siècle et la quatrième du douzième. Dans cette dernière, les chapiteaux, ainsi qu'une corniche au-dessus des arcades, sont sculptés avec délicatesse; les parements extérieurs des murs présentent des incrustations en pierres de couleurs variées. A ce cloître est adossé un grand bâtiment, haute forteresse du douzième siècle, se rattachant à un système de murailles qui séparait l'enceinte claustrale du reste de la cité. Dans la salle de la bibliothèque du chapitre, changée en chapelle, de précieux restes de peintures murales de la fin du quinzième siècle représentent quatre arts libéraux.

Dans une chapelle de la cathédrale se voient encore deux portes en bois du onzième siècle, sur lesquelles sont figurées des scènes de la vie de Jésus-Christ, encadrées de légendes en vers léonins et d'ornements du style mauresque. Divers tableaux, dont plusieurs peints par d'anciens artistes du pays, des panneaux sculptés et quelques reliquaires ornent l'intérieur et la sacristie de l'église. Le trésor de la cathédrale, riche autrefois en précieuses reliques, renferme quelques objets curieux, entre autres une bible manuscrite de Théodulphe, évêque d'Orléans (neuvième siècle), suivie de la chronographie de Saint-Isidore et de quelques autres œuvres.

L'église de Notre-Dame du Puy jouissait de nombreux privilèges, dont un des principaux était celui qu'avaient les chanoines de porter la mitre. Les rois et les Dauphins de France étaient chanoines-nés de Notre-Dame du Puy; Charles VII notamment, après avoir été proclamé roi au château d'Espaly, près du Puy, assista aux premières vêpres de l'Ascension en habit de chœur; Louis XI, son fils, Charles VIII et François Ier, qui vinrent en pèlerinage au Puy, assistèrent à l'office dans la même église et de la même manière.

En 1325, dit une tradition, un miracle prodigieux s'accomplit au Puy. Notre-Dame du Puy possédait alors, parmi ses enfants de chœur, un aimable et charmant enfant que tous les habitants chérissaient à cause de sa douceur et de sa piété envers la sainte Vierge. Sa voix était fraîche et pure, et jamais il n'était plus heureux que quand, aux fêtes chères à Marie, il remplissait les voûtes du temple de ses chants harmonieux. Or, cette année-là, il chanta si merveilleusement, à la messe de minuit, les joyeux cantiques de la naissance du Sauveur, que tous les assistants en furent ravis d'admiration.

Le lendemain, plusieurs bons bourgeois s'empressèrent de se rendre chez les parents de l'enfant pour les féliciter; mais, à leur grand étonnement, ils les trouvèrent dans la désolation : leur cher enfant n'avait pas reparu ! Tout le monde se mit à sa recherche, mais ce fut en vain; l'enfant de chœur avait aussi complètement disparu, disent les légendes, que s'il se fût envolé au ciel. Dans la ville l'inquiétude était à son comble; on ne savait comment expliquer cette disparition mystérieuse. Hélas ! on en eut bientôt la clef ! Furieux de la joie qu'avait manifestée l'enfant en accompagnant de ses chants le mystère divin de la naissance de Jésus, un juif, à la faveur de l'obscurité, avait saisi l'enfant de chœur au détour d'une rue sombre, l'avait bâillonné, garrotté, emporté et assassiné chez lui, croyant ainsi accomplir un acte religieux.

Il voulait, dit-on, immoler pour la Pâque un autre infidèle (c'était le nom qu'il donnait aux chrétiens), et résolut de chercher sa seconde victime parmi les enfants de chœur. Sachant qu'il y avait procession le dimanche des Rameaux, il vint rôder autour de la cathédrale et guetta sa proie. Mais au moment où la procession défile devant lui, tout à coup, au bas de la montée qui conduit à la vieille basilique, un immense mouvement se produit dans l'assistance; l'enfant de chœur assassiné dans la nuit de Noël apparaît comme sortant de la tombe et subitement se trouve à son rang. On ne peut en croire ses yeux; on l'interroge, et il raconte à la foule étonnée sa mort tragique. « Une main puissante, dit-il, vient de me retirer du linceul. » En même temps il promène ses regards autour de lui, et reconnaissant dans la multitude son meurtrier pâle et tremblant : « Voilà, s'écrie-t-il, en montrant le juif du doigt, voilà mon assassin ! »

Aussitôt on instruit l'horrible affaire ; on court à la maison du juif, on visite la fosse ouverte, et, à la fois, on a les preuves du crime et celles du miracle. La sentence est bientôt rendue, et pendant que le juif est lapidé par le peuple, l'enfant de chœur est porté devant l'image de Notre-Dame, qui vient de le rendre miraculeusement à la vie.

Évidemment ce n'est là qu'une légende, une simple tradition. A cela, l'auteur des légendes de la Vierge à qui nous empruntons celle qu'on vient de lire[1], répond « que le roi Charles le Bel vint au Puy en pèlerinage, qu'il voulut consciencieusement informer sur ce fait, et que, de l'avis, de son conseil, il rendit une ordonnance motivée par laquelle, vu leurs doctrines détestables, les juifs étaient chassés du Puy. Il y ajouta un diplôme accordant aux enfants de chœur de Notre-Dame du Puy-en-Velay le droit de juger les juifs qui rompaient leur ban, et, plus d'une fois, depuis lors, les enfants de chœur de la cathédrale du Puy, assemblés en tribunal, eurent occasion de rendre, en raison de ce droit, leurs sentences sans appel.

Nous ne voudrions pas multiplier les légendes ; mais comment ne pas raconter celle que rapporte le chroniqueur Rigord[2], légende dont un habitant du Puy est le héros ?

C'était au douzième siècle ; depuis longtemps déjà s'était élevée entre Raimond V, comte de Toulouse, et le roi d'Aragon, Alphonse II, une grave dissension, et comme le démon, ennemi du genre humain, se plaisait à envenimer la querelle, rien ne pouvait l'apaiser. Mais le Seigneur, touché des maux que souffrait ce malheureux peuple, le prit en pitié et voulut l'en délivrer. Dans ce but, ce ne fut ni d'un empereur, ni d'un roi, ni même d'un prince de l'Église qu'il se servit : ce fut d'un simple charpentier nommé Durand, habitant d'*Anicium*, communément appelé *Podium*. C'est à cet homme simple et bon que, dans sa miséricorde, apparut le Seigneur. En même temps il lui mit dans les mains une image de la vierge Marie. Elle était représentée assise sur un trône et portant l'enfant Jésus dans ses bras ; autour de l'image étaient gravés en latin ces mots : *Agneau de Dieu qui effacez les péchés du monde, donnez-nous la paix.*

A la nouvelle de ce miracle, grand fut l'étonnement, et le jour de l'Assomption, au milieu de toute la foule assemblée à Anicium pour y célébrer la fête,

1. Collin de Plancy.
2. Douzième siècle.

comme d'habitude, Pierre IV [1], alors évêque de la ville, fit monter sur une élévation le pauvre charpentier, et tous, princes, grands et menu peuple, prêtèrent une oreille attentive au récit qu'il fit du miracle. « Le Seigneur, dit-il d'une voix ferme et assurée, m'a intimé l'ordre de mettre fin à la discorde qui vous divise, et de rétablir entre vous la paix et l'union ; et pour preuve de la divinité de ma mission, ajouta-t-il, regardez ! » Et il leur montra l'image que le Seigneur lui avait donnée.

Tous alors, en la voyant, remplis d'admiration pour la miséricorde et la bonté de Dieu, jurèrent, les larmes aux yeux, sur les saints Évangiles, qu'ils feraient la paix et l'observeraient par tous les moyens en leur pouvoir. Pour gage de leur fidélité à cette paix promise au Seigneur, ils portèrent désormais sur la poitrine un sceau de la Vierge imprimé sur étain, des capuchons blancs assez semblables aux scapulaires des moines blancs, et s'engagèrent à ne quitter jamais ce signe du pacte juré. Mais, chose vraiment surprenante, un frère voyait-il, porteur de ce signe, le meurtrier de son frère [2] accourir vers lui, aussitôt, faisant taire son ressentiment, il lui donnait, les larmes aux yeux, le baiser de paix, l'emmenait dans sa propre maison et le munissait de vivres et de tout ce qui lui était nécessaire.

Les annales de la foi constatent que plusieurs saints et beaucoup de missionnaires se sont formés sous l'influence de la Vierge vénérée au Puy. C'est devant elle que le pieux Adhémar de Monteil, évêque du Puy, fit le vœu qui le lia à la croisade de Godefroy de Bouillon, dont il fut le chef spirituel ; et lorsque, à la suite de la seconde croisade, la France fut dévastée par ces détrousseurs de grands chemins qui, comme les trop fameux vicomtes de Polignac, tombaient à l'improviste sur les bourgeois, sur les châtelains paisibles et les riches abbayes, pillant et saccageant tout, les évêques du Puy s'efforcèrent de s'opposer à leur brigandage. Comtes suzerains du Velay, ils n'eurent pas seulement recours à l'excommunication, mais ils fortifièrent leur cathédrale et y tinrent garnison pour défendre le trésor du chapitre enrichi par nos rois, plusieurs papes et quantité de hauts et puissants personnages, venus tous pour implorer la Vierge noire du mont Anis.

Ce fut enfin sous la bannière de cette sainte image, rapportée de l'Orient, qu'ils établirent la confrérie des Chevaliers de la Vierge, l'une des branches pures de cette chevalerie errante qui, nul ne l'ignore, avait pour mission de

1. De 1159 à 1189.
2. Le meurtre était devenu fort rare.

poursuivre ces bandes pillardes et de secourir les opprimés. Ces chevaliers peu à peu réussirent à purger le pays de cette féodalité sanguinaire et à y ramener la paix ; mais, comme nous l'avons dit plus haut, les dissidences religieuses du seizième siècle le jetèrent de nouveau dans toutes les horreurs de la guerre civile.

ÉGLISE MONOLITHE DE SAINT-ÉMILION

(Gironde)

Tout le monde connaît les vins excellents et généreux de Saint-Émilion, mais souvent là se borne ce que l'on en sait, et pourtant cette petite ville, par les curiosités remarquables qu'elle offre, par les souvenirs qu'elle rappelle, mérite plus d'honneur.

Sans conclure de la pierre debout ou *menhir* que l'on rencontre sur la rive droite de la Dordogne, que Saint-Émilion remonte au temps des druides, disons que cette ville a été construite, selon toute probabilité, sur l'emplacement qu'occupait autrefois *Lucaniacum*, où se voyait, croit-on, au neuvième siècle, la villa du poète bordelais Ausone.

C'est, en effet, sur la rive droite de la Dordogne, entre Libourne et Castillon, sur les versants d'une colline, s'enfonçant en forme de golfe, et la lisière d'un plateau, qu'est suspendue en amphithéâtre, comme autrefois Lucaniacum, au milieu d'un amas de ruines, l'intéressante petite ville de Saint-Émilion. La flèche aérienne de l'église actuelle couronne ce plateau, et un fossé de onze mètres de profondeur sur dix-sept de large et creusé dans le roc protège, du côté de la vallée, cette ville, qui, par ses ruines et les restes de ses antiques monuments, offre pour ainsi dire un musée de la vie au moyen âge.

Au delà s'élevaient jadis de hautes et fortes murailles crénelées ; six doubles portes surmontées de tours carrées, défendues encore par deux autres tours, donnaient entrée dans une espèce de donjon quadrilatère nommé le château du roi. Mais aujourd'hui murailles, portes et tours couvrent le sol de leurs débris et comblent presque le fossé. Autour de la ville règnent d'immenses grottes que, comme le fossé, la main de l'homme a creusées dans le roc ; une population industrieuse de carriers et de vignerons y habite, et c'est au-dessus de ces rochers que se récolte le vin qui a rendu célèbre le nom de cette petite ville. Comme beaucoup d'autres villes, c'est à un saint, paraît-il, que doit son nom celle dont, en quelques lignes, nous résumons ici l'histoire. Mais dans aucun martyrologe, aucun recueil de vies des saints, on ne trouve celle de saint Émilion. Toutefois, le diocèse de Bordeaux compte celui-ci au nombre des confesseurs dont il fête la mort.

C'est à Vannes, en Bretagne, que naquit saint Émilian, Immilion, ou Émilion, de parents obscurs qui l'élevèrent dans la pratique des vertus chrétiennes. Il se fit remarquer surtout par un grand amour pour les pauvres, auxquels il prodiguait sans cesse secours et consolations. Simple domestique dans la maison du comte de la ville, saint Émilion fut accusé d'user, aux dépens de son maître, de trop de libéralité envers les indigents, et devint ainsi suspect au comte, qui le fit surveiller. Un jour que, selon sa coutume, Émilion allait distribuer de petits pains qu'il tenait sous son vêtement, le comte l'aborde et lui demande avec colère ce qu'il porte là. « Ce sont, répond Émilion, sans se troubler, des morceaux de bois destinés à réchauffer les pauvres; » et en effet, il ne se trouva que du bois sous son vêtement; mais au moment où le saint homme allait faire sa distribution, le bois redevint pain[1]. Un tel miracle ne pouvait rester ignoré; aussi les témoignages de l'admiration générale vinrent-ils accabler l'homme de Dieu, qui, pour fuir tant d'honneur, résolut de s'enfermer dans un cloître.

Il se dirigeait vers l'Espagne, lorsque la fatigue l'obligea de s'arrêter en Saintonge, dans un monastère de l'ordre de Saint-Benoît[2]. L'abbé de ce monastère parvint à le retenir et lui fit prendre l'habit de son ordre. Là encore un miracle signala sa vertu : il avait reçu l'office de cellerier et devait, en cette qualité, pourvoir aux provisions de bouche. Les soins avec lesquels il remplit les devoirs de sa charge lui attirèrent la jalousie des autres frères, qui, pour le faire tomber en défaut, lui enlevèrent secrètement les instruments nécessaires à cuire le pain. Que fait alors le saint homme? Il entre lui-même dans le four, et, sans éprouver du feu aucune atteinte, y dispose les pains de sa propre main.

Mais le monastère n'offrant pas à Émilion une retraite assez complète, il résolut de se retirer au fond d'une forêt, afin de vivre loin des hommes et dans la seule contemplation de Dieu. La forêt qu'il choisit n'était pas éloignée de la Dordogne ; un rocher situé sur le flanc de cette forêt fournit au saint

---

1. Ce miracle a, comme on le voit, la plus grande analogie avec celui de sainte Élisabeth de Hongrie.
2. Saint Benoît, né vers 480, est le fondateur de l'ordre des Bénédictins.

ermite une humble retraite, et les eaux d'une fontaine coulant dans la vallée voisine remontèrent leur cours pour venir le désaltérer.

ÉGLISE MONOLITHE ET CLOCHER DE SAINT-ÉMILION

Le bruit de sa sainteté se répandit bientôt dans tout le voisinage, et l'on accourut en foule afin d'apprendre de lui les préceptes de la vraie sagesse, ou pour lui demander des consolations contre l'infortune. Une noble dame privée de la vue reçut même, dit-on, d'en haut l'avertissement de recourir aux mérites d'Émilion, et le quitta complètement guérie.

Dans le flanc de la colline voisine de son ermitage, le bienheureux s'était construit un oratoire, et avait associé à son entreprise un grand nombre de compagnons qu'il exhortait chaque jour à la perfection ; mais peu à peu ses forces déclinaient, et, quand enfin sonna l'heure de sa mort, il reçut le saint viatique et s'endormit dans la paix du Seigneur, l'an 767.

C'est ainsi, croyons-nous, que saint Émilion fut le fondateur du monastère dont ses compagnons devinrent les premiers moines, et comme il avait adopté la règle de Saint-Benoît, le nouveau monastère fut régi par cette règle et accrut ainsi le nombre des établissements religieux de l'ordre des Bénédictins. Pour se protéger contre des incursions que faisaient en ce temps-là les Sarrasins, Émilion s'était creusé lui-même une grotte dans le roc. Elle se trouve au centre de la ville, au fond de l'espèce de golfe formé par l'enfoncement de la colline. On y voit encore, taillés dans la pierre, le lit, la table et la chaise du saint homme, ainsi que la fontaine déjà mentionnée, remarquable par l'abondance et la limpidité de ses eaux.

Le monastère fut plus tard ruiné d'abord par les Sarrasins, qui firent des incursions dans ces parages et même s'y établirent, comme semble l'indiquer le nom de *Ville maurine* donné à un petit hameau voisin de Saint-Émilion ; il le fut ensuite par les Normands, et si ce fait n'est pas bien prouvé, il est au moins très probable, car, vers le milieu du neuvième siècle, les Normands, enhardis par de précédents succès et par les divisions des fils de Louis le Débonnaire, se présentèrent devant Bordeaux, qu'ils emportèrent de vive force. Maîtres de cette ville, dont ils firent presque un désert, pendant un demi-siècle ils étendirent leurs ravages sur les pays environnants. Dans cet état de choses, les moines des monastères de la contrée désertèrent leurs demeures et rentrèrent dans la vie laïque ; aussi trouvons-nous, au commencement du onzième siècle, celui de Saint-Émilion entre les mains du vicomte Olivier. Mais, en 1080, l'archevêque de Bordeaux, Goscelin, fit rentrer ce monastère sous son autorité et le pourvut de religieux.

Malheureusement bientôt après s'introduisit chez les moines une sorte de relâchement, auquel n'échappèrent pas ceux de Saint-Émilion ; négligeant la règle monastique, ils vivaient d'une manière tout à fait séculière, ce qui obligea, l'an 1140, l'archevêque de Bordeaux, Arnaud Guiraud, à réformer le monastère avec l'autorisation du pape, et à le placer sous la direction d'un abbé et sous la règle de Saint-Augustin.

C'est, paraît-il, environ vers cette époque que les moines de Saint-Émilion abandonnèrent leur église souterraine, et que, par les soins de l'archevêque Arnaud Guiraud, fut construite à leur usage, au sommet du plateau, une nouvelle église avec un beau cloître. C'est aussi, sans doute, vers le même temps

LE CLOÎTRE DE SAINT-ÉMILION

qu'au-dessus de l'église nouvelle fut élevée une tour carrée qui, plus tard, servit de base à l'élégant clocher gothique qui domine Saint-Émilion.

Les moines, ainsi réformés par l'archevêque Arnaud Guiraud, vécurent environ pendant deux siècles d'une manière tout à fait régulière, sous la conduite de leurs abbés; mais, au commencement du onzième siècle, probablement, encore une fois, pour cause de relâchement dans la discipline, ils furent relevés de la vie monastique et sécularisés par le pape Clément V, qui érigea la communauté en chapitre. A la place des abbés, il mit des doyens, et institua premier doyen son neveu, Gaillard de La Motte, plus tard cardinal de Sainte-Luce. C'est sans doute sous son décanat que l'église collégiale reçut le développement qui en fit le vaste édifice existant aujourd'hui. La partie la plus récente de cette église semble réunir tous les caractères propres à l'architecture du quatorzième siècle, c'est-à-dire un gothique déjà élégant et pur. Considérée dans son ensemble, l'église collégiale de Saint-Émilion mérite l'attention des savants et des artistes.

Le décanat du cardinal de La Motte serait donc, pour Saint-Émilion, le temps des grandes constructions, s'il faut y rapporter celle de la jolie chapelle élevée au-dessus de la grotte même du saint patron de la ville, et connue sous le nom de chapelle de la Trinité; les constructions enclavées dans le mur de la ville du côté du nord, et désignées sous le nom de Palais-Cardinal; si, enfin, furent construits à la même époque le portail et les fenêtres gothiques de l'église *monolithe* ou église paroissiale.

On a vu que saint Émilion s'était creusé dans une caverne de la montagne, c'est-à-dire dans le flanc de la colline de son ermitage, un oratoire. C'est probablement cet oratoire qui est devenu la vaste église souterraine actuelle, regardée de nos jours, dit le comte de Laborde, *comme la plus singulière de France et comme unique dans le monde ;* et c'est aussi sans doute aux compagnons et aux disciples de notre saint qu'il faut attribuer cette église monolithe, œuvre de plusieurs générations.

« Cette église, dit M. Guadet dans l'ouvrage qu'il a consacré à l'histoire de Saint-Émilion et de ses monuments, a pour base un parallélogramme de cent vingt pieds de long (39 mètres) sur soixante de large (19 mètres). Elle se compose de deux parties d'inégale hauteur : la partie antérieure, de vingt-cinq pieds de profondeur (8 mètres), n'a guère que vingt et un pieds de haut (7 mètres); le reste, qui forme la partie principale de l'édifice, a quatre-vingt-quinze pieds de profondeur (31 mètres) et soixante de haut (19 mètres). L'église entière est divisée, dans le sens de sa longueur, en trois galeries, dont les voûtes à plein cintre reposent sur les parois de l'édifice et sur deux lignes de forts piliers ménagés dans la masse du rocher. Six croisées pratiquées dans la façade de l'édifice, trois dans la partie basse et trois dans la partie supérieure, projettent dans les trois longues allées de ce vaste souterrain une froide lumière, que les parties reculées ne reçoivent même qu'extrêmement affaiblie. Cette absence de lumière, le silence qui vous entoure, l'humide fraîcheur qui vous pénètre lorsque vous parcourez ce temple souterrain, tout cela vous fait éprouver je ne sais quel sentiment de religieuse terreur.

« Plusieurs morceaux de sculpture, aussi bizarres que grossièrement exécutés, décorent l'intérieur de l'église monolithe de Saint-Émilion. Ce sont des groupes de figures, tantôt ménagés en saillies, tantôt incrustés dans le rocher. » Le portail, avons-nous dit, date probablement environ de l'époque du décanat du cardinal de La Motte ; les voussures sont décorées de statuettes, et le tympan représente le jugement dernier. On pénètre dans l'église par une galerie longue de vingt-six mètres et bordée de tombeaux taillés dans le roc ; ce qui nous semble indiquer que longtemps l'église monolithe de Saint-Émilion servit aux moines de lieu de sépulture. Ces tombeaux, fouillés en 1793, lors de la profanation des églises, mirent à nu une immense quantité d'ossements humains. C'est à gauche de cette église que s'élève la chapelle de la Trinité. « On a dit, avec raison, de cette petite rotonde, que l'élégante simplicité de sa forme et la pureté de ses profils la feraient prendre pour un petit temple grec, si ses fenêtres gothiques et ses colonnettes un peu grêles ne nous avertissaient pas que ce joli monument appartient au moyen âge. » On désigne l'église monolithe ou paroissiale sous le nom de *moustier vieux*, pour la distinguer de l'église collégiale ou *moustier neuf*.

Le chapitre de Saint-Émilion, « depuis sa fondation jusqu'au temps de la Révolution française, marcha de pair avec les collégiales les plus célèbres. Ses doyens furent presque tous des personnages éminents, des évêques, des archevêques, des cardinaux : Arnaud de Pontac, évêque de Bazas ; François d'Escoubleau de Sourdis, archevêque de Bordeaux ; Louis de Bassompierre, évêque de Saintes, etc., furent successivement doyens de Saint-Émilion, et leur nom, attaché à ce chapitre, jeta de l'éclat sur le collège auquel ils appartenaient. »

Tout à côté de Saint-Émilion s'établirent aussi, au treizième siècle, deux autres couvents, l'un, de Frères prêcheurs ou Dominicains, plus connus dans le pays sous le nom de Jacobins ; l'autre, de Frères mineurs ou Franciscains, plus connus aussi sous le nom de Cordeliers. On voit encore les fondements de l'église des Jacobins et un pan du mur latéral de cette église, haut de plus de vingt mètres, large de près de vingt-sept. Ce mur est percé de deux croisées et décoré d'ornements d'un goût et d'une délicatesse remarquables. Il y a peu de temps encore, on voyait les restes du couvent des Cordeliers, ou du moins de son église, mais ils ont aujourd'hui complètement disparu.

Nous avons dit que la ville de Saint-Émilion a été dévastée et ruinée par les Normands ; malheureusement, là ne s'arrêtèrent pas pour elle les désastres ; vingt fois elle fut prise, reprise et pillée par Louis VIII, les Anglais, Charles VII, les protestants et les catholiques ; toutefois, à partir de ce moment, dans ses annales jusqu'à la Révolution, on ne rencontre d'événement important que le sac du 20 février 1568, exécuté par les bandouliers de Montluc. Disons enfin que l'on constate, vers le douzième siècle, à Saint-Émilion l'existence d'une commune dont les franchises et les privilèges, d'abord confirmés par Jean sans Terre, le furent ensuite par nos rois, voulant ainsi se l'attacher définitivement.

Ce n'est pas au seul moyen âge que la ville de Saint-Émilion doit son importance historique : elle la doit encore à la page sanglante qu'elle fournit aux fastes de la Terreur. En effet, « dans les derniers mois de 1793, une barque de pêcheurs jeta au Bec-d'Ambès, petit port de la Gironde, aux environs de Bordeaux, sept hommes échappés à l'échafaud révolutionnaire. Ces hommes étaient Barbaroux, Buzot, Guadet, Louvet, Pétion, Salles et Valady. Ils expiaient par l'exil, bientôt par la mort, le crime de n'avoir pas osé s'opposer aux terribles décrets de la Convention. Ils arrivaient de Normandie et de Bretagne, échappant à grand'peine aux recherches des agents de la République, et traversant sans être reconnus une flotte de vingt-deux navires de guerre.

« La Gironde, c'était la terre du salut, à ce qu'ils pouvaient croire. Malgré les efforts de Tallien et d'Ysabeau, le parti fédéraliste avait encore à Bordeaux de puissantes racines. Le beau-frère de Guadet habitait le Bec-d'Ambez ; son père, Saint-Émilion. Chacun des réfugiés comptait dans le département bon nombre de parents et d'amis.

« Mais le lendemain même de l'arrivée des fugitifs, un détachement, envoyé de Bordeaux, se présentait au Bec-d'Ambès, et ils n'avaient que le temps de gagner la campagne et de se diriger vers Saint-Émilion. En même temps qu'eux, et suivant leurs traces, cinquante cavaliers accouraient à toute bride. Le père de Guadet est arrêté et gardé à vue. Heureusement, déjà les Girondins avaient trouvé un autre asile chez une belle-sœur de Guadet, Mme Bouquey. C'était une espèce de souterrain communiquant d'un côté aux caves de la maison, de l'autre à un puits de trente pieds de profondeur. Là, les fugitifs étaient relativement en sûreté, à la condition toutefois de ne pas mourir de faim. C'est qu'en effet, en présence de la disette, les municipalités fixaient elles-mêmes les besoins d'une maison d'après le nombre des habitants, et demander des rations supplémentaires, c'était trahir la présence de ses hôtes. Il fallut donc à huit se partager la portion d'un seul, heureux quand, par hasard, on trouvait quelques fruits, un poulet à acheter en cachette. Et cependant la gaieté assaisonnait ces tristes repas et montrait aux fugitifs l'abondance dans un avenir meilleur. Un jour, cependant, il fallut se séparer. Une imprudence avait dénoncé leur présence à Saint-Émilion. C'était le 12 novembre, le jour même où Mme Roland montait sur l'échafaud. Les sept amis se dispersèrent dans la campagne, demandant à l'amitié un asile que la peur leur refusa. Deux d'entre eux quittèrent définitivement leurs compagnons : Valady, qui se dirigea vers l'Espagne ; Louvet, qui revint à Paris. Le premier marchait à la mort ; le second devait seul échapper, en se jetant dans la gueule du lion, au sort qui attendait les derniers Girondins.

« La nuit suivante retrouvait les amis, désormais réduits à cinq : Barbaroux, Buzot, Guadet, Pétion et Salles, dans un nouvel asile qu'un pauvre homme nommé Troquart, leur avait préparé à Saint-Émilion. Là, les fugitifs jouirent de quelque répit ; mais la nouvelle de la mort de leurs amis de Paris et de Mme Roland acheva de leur enlever le peu de courage qui leur restait.

« En même temps la Convention envoyait de Paris de nouveaux commissaires, chargés de réchauffer le zèle des municipalités de la Gironde. Cette fois, ce ne sont plus des hommes, mais bien des chiens, dressés par deux misérables, Marcou et Favereau, qui donnent la chasse aux fugitifs, mais encore inutilement. Un jour, cependant, un détachement visite la maison du père de Guadet, et un gendarme remarque que les murs extérieurs sont plus larges qu'à l'intérieur du grenier ; il sonde la muraille avec sa baïonnette, et entend le bruit d'un pistolet qu'on arme. A l'instant le mur est démoli, et, dans une cachette ménagée dans l'épaisseur, on découvre Guadet et Salles. On les transporta aussitôt à Bordeaux, et quelques heures après leurs têtes tombaient sur l'échafaud.

« Le soir même, Barbaroux, Buzot et Pétion quittaient leur asile, n'emportant pour provision qu'un pain et un morceau de viande froide. Ils errèrent toute la nuit dans la campagne, poursuivis par des bandes de volontaires. Barbaroux, désespérant de leur échapper, se tira un coup de pistolet dans la figure. La balle ne fit que lui fracasser la mâchoire et lui couper la langue. Arrêté et conduit à Bordeaux, il fut exécuté sur-le-champ. Quant aux derniers Girondins, ils s'étaient enfoncés dans les bois, et quelques jours après des vignerons trouvaient, sur la lisière d'une forêt, des vêtements déchirés et deux morceaux d'ossements humains dépecés par les loups. C'était tout ce qui restait de ces deux hommes qui, de leur vivant, s'appelaient Pétion et Buzot, et qui avaient un instant gouverné la France. (Ch. WALLUT, *Notice sur Saint-Émilion*.)

CATHÉDRALE DE BAYONNE

(Basses-Pyrénées)

Bayonne s'appelait primitivement *Lapurdum* ; mais c'est de *baina-ona* (bon port, dans la langue du pays) que, depuis, elle a reçu son nom. L'océan Atlantique, dont Bayonne n'est guère éloignée que de quatre kilomètres, communique son flux et son reflux à la Nive et à l'Adour, rivières navigables, au confluent desquelles cette ville est située, ce qui donne en effet à son port un très grand avantage.

Aussi Bayonne florissait-elle autrefois pas son commerce maritime : de son port s'élançaient les plus hardis pêcheurs de baleines; on y faisait des armements considérables pour la pêche de la morue et pour l'Amérique. Mais, vers l'an 1500, son commerce décrut sensiblement à la suite d'un violent orage qui, ayant amoncelé sur la digue naturelle de l'Adour une quantité prodigieuse de sable, en fit une barrière infranchissable. Heureusement, le 28 octobre 1579, une crue extraordinaire, redoublant la force du courant de l'Adour, dégagea subitement le canal et rouvrit la véritable embouchure. Mais, comme la Seine, l'Adour a sa barre, qui rend très difficile et même dangereuse l'entrée des navires dans le port.

Bayonne est comme divisée en trois villes : le Grand-Bayonne, le Petit-Bayonne et le faubourg du Saint-Esprit, de l'autre côté de l'Adour, dans le département des Landes. Cette partie de la ville fut autrefois assignée aux juifs. Bayonne est généralement jolie et bien bâtie; les promenades ménagées le long de l'Adour sont charmantes. Elle est percée de quatre portes. La citadelle, au Saint-Esprit, offre du haut de ses bastions une vue splendide sur les vallées de l'Adour et de la Nive et sur les montagnes du pays basque. On y rencontre quelques débris de l'enceinte gallo-romaine (sixième siècle). Le Château-Vieux (douzième siècle) est flanqué de quatre tours rondes du quinzième. C'est à la fin de ce même siècle (1489) que fut terminé le Château-Neuf.

Près de cette rivière on voit d'énormes blocs de roche, et l'on a donné le nom de *Pas de Roland* à une espèce de crevasse pratiquée dans un rocher. Cet ancien paladin, neveu de Charlemagne, qui périt à Roncevaux accablé sous le nombre des ennemis, est resté la grande figure chevaleresque des Pyrénées. Dans le souvenir des montagnards il est de la taille de leurs montagnes ; partout ils croient voir la trace des fers de son cheval ou du tranchant de sa Durandal[1]. Les fortifications de Bayonne sont dues en partie à Vauban, et c'est dans cette ville que fut inventée, dit-on, la baïonnette, arme redoutable, inaugurée par les Français, en 1703, à la bataille de Spire, et qui leur valut alors la victoire, comme dans la suite en mille autres rencontres.

Quelle ville n'a pas eu ses vicissitudes ? Bayonne a eu aussi les siennes. Longtemps dépendante du duché d'Aquitaine, elle fut ensuite possédée par les Anglais ; mais Charles VII la leur enleva ; et depuis, quatorze fois assiégée, elle repoussa victorieusement tous ces assauts ; aussi se glorifie-t-elle d'être une *ville vierge*.

Comme tous les peuples de la Gaule, les habitants de cette contrée, primitivement païens, s'étaient convertis au christianisme. Mais les conquêtes et les ravages des Sarrasins avaient presque entièrement obscurci chez eux les lumières de la foi, lorsque Léon, simple prêtre, ou peut-être évêque régionaire, fut chargé par le pape, vers l'an 900, de faire une mission chez les Basques. Cet apôtre zélé, né à Carentan (856), en basse Normandie, au diocèse de Coutances, partit avec ses frères Gervais et Éleuthère pour aller prêcher l'Évangile à Bayonne et dans le pays de Labourd[2], où, chassés de chez eux, les Basques et les Cantabres étaient venus s'établir.

Léon fut-il évêque de Bayonne ? La question est restée indécise ; mais ce qui est certain, c'est qu'il évangélisa cette ville et qu'il y fonda une église sous l'invocation de la sainte Vierge. Ses travaux apostoliques rendirent la religion chrétienne florissante non seulement dans le pays de Labourd, mais dans les Landes, au delà de Bordeaux, dans la Biscaye et jusque dans la Navarre. Ses prédications irritèrent contre lui les gens de rapine, et, saisi par des pirates, avec son frère Gervais, sur les bords de la Nive, il fut décapité. Comme saint Denis, dit la légende, il porta, l'espace de quatre-vingts pas, sa

---

1. Nom que portait l'épée du héros.
2. D'où *Lapurdum* ancien nom de Bayonne. Cette contrée, qui s'étendait depuis l'Adour jusqu'à Saint-Sébastien-de-Guipuscoa, était entièrement stérile.

tête dans ses mains; une fontaine jaillit et marque la limite de la course mi-

ABSIDE DE LA CATHÉDRALE DE BAYONNE

raculeuse de ce saint, honoré désormais comme patron du diocèse. On garde ses reliques dans la cathédrale de Bayonne[1], dont les premiers fondements ont été jetés au douzième siècle, vers 1140.

1. On ignore l'année de sa mort.

Elle est bâtie en croix latine, et son architecture est ogivale. Elle a trois nefs et soixante-dix-huit mètres de longueur sur vingt-huit de largeur. Le clocher qui la surmonte a été construit de 1500 à 1605. La porte du transept nord est précédée d'un narthex d'une exécution délicate ; la porte du transept sud est la seule dont les sculptures aient été conservées. Les vitraux, posés successivement du treizième siècle au dix-septième, jettent sur les piliers leurs facettes prismatiques, mais n'empêchent pas de distinguer d'excellents tableaux de l'école de Rome. Le dallage est moderne et en marbre bleu d'Italie ; celui du sanctuaire est un véritable chef-d'œuvre de mosaïque. Le maître-autel, qui a la forme sévère d'un tombeau, et que cinq marches élèvent au-dessus du sol, est en marbre blanc également d'Italie.

Le cloître, qui fut construit de 1213 à 1240, est surtout digne d'attention. C'est un vaste quadrilatère aux galeries ogivales ; mais il a beaucoup souffert ; un côté a été démoli, et sur son emplacement on a construit une grande chapelle avec une sacristie. Solitaire et muet, rongé par la rouille du temps et envahi par les graminées, ce cloître ressemble assez à un tombeau ancien et abandonné. On en sort comme d'un funèbre campo-santo. Et de fait, « les vieux monuments d'une ville, dit M. Alfred des Essarts, sont aux villes d'autrefois ce que le tombeau est à une famille éteinte ; ce sont des cénotaphes portant l'inscription des âges. »

« C'est dans la cathédrale de Bayonne, sa ville natale, qu'un des plus célèbres orateurs chrétiens de notre temps, le P. Xavier de Ravignan, reçut, dit un de ses biographes, les premières impressions de la foi, en attendant qu'il vînt un jour remplir des éclairs de son éloquence la grande métropole de Paris. » Une autre église, Saint-André, mérite aussi, à Bayonne, d'attirer l'attention ; les flèches en sont élégantes, et son style est du treizième siècle.

Cette ville, limitrophe de l'Espagne, avec laquelle elle entretient un commerce très actif, en a la physionomie ; on y parle le plus pur castillan ; les hôtels eux-mêmes s'intitulent : *Fonda de la Esperanza, Fonda de la Providencia*, etc. ; les barbiers y sont des *peluqueros,* et ainsi du reste, de telle sorte que si les Espagnols, à Bayonne, peuvent, pour ainsi dire, se croire encore chez eux, les Français peuvent aussi déjà se croire en Espagne.

C'est à Bayonne que Napoléon reçut la renonciation de Charles VII à la couronne d'Espagne, qu'il plaça peu après sur la tête de son frère Joseph.

ÉGLISE NOTRE-DAME

A GRENOBLE

Grenoble, ville intéressante par sa position et son ancienneté, par les hommes qui y sont nés, par les événements qui s'y sont passés et aussi par quelques édifices curieux, est située à l'issue de la belle vallée du Grésivaudan, à trois kilomètres du confluent du Drac, au pied du dernier escarpement du mont Rachais, sur l'Isère, rivière qui donne son nom au département dont Grenoble est le chef-lieu.

Grenoble, autrefois *Cularo*, de *cularum* (lieu reculé), a une origine fort ancienne, puisqu'elle existait déjà du temps de Jules César, comme le prouve une lettre de Plancus à Cicéron. Elle aurait même été fondée par Q. Fabius Maximus sur les frontières des Allobroges (*in finibus Allobrogum*), voisins des Voconces, peuples riverains très redoutables, pour les tenir en respect.

Toutefois, lorsque les Romains s'emparèrent de la Gaule, Cularo avait peu d'importance; ce simple village ne fut considéré comme ville qu'à l'époque où Dioclétien et l'empereur Maximien, de retour de son expédition des Gaules, l'eurent agrandie et entourée de murailles. Elles étaient percées de deux portes; l'une, celle de Rome, fut appelée *Jovia;* l'autre, celle de Vienne, *Herculea*.

Vers l'an 304, l'empereur Gratien agrandit considérablement l'enceinte de Cularo, qui, en son honneur, changea son nom en celui de *Gratianopolis,* dont on a fait Grenoble (ville de Gratien). Le même empereur y fonda, en 377, un siège épiscopal. De l'époque de la domination romaine il ne reste aujourd'hui que les fondations et des pans de mur assez considérables de l'*enceinte* de Dioclétien et de Maximien. Les principaux de ces débris servent de base à une tour du moyen âge, adossée à l'hôtel de ville et à l'abside de Notre-Dame, construite par l'évêque Isarne, et non par Charlemagne, auquel, par erreur, la tradition l'attribue. Ce qui paraît plus vrai, c'est que ce grand prince, allant en Italie au secours du pape Étienne III, attaqué par les Lombards, et passant par Grenoble, ordonna d'y construire (773) l'église Saint-Vincent, et peut-être aussi le palais épiscopal. Un arrêt du parlement de cette ville dit formellement, dans l'une de ses conclusions, que *l'église de Saint-Vincent fut bâtie la première dans Grenoble par Charlemagne ou par son neveu Rolland ; qu'à la suite il fut bâti auprès une autre église à l'honneur de la sainte Vierge*[1], *et que dans icelle était la paroisse de Saint-Hugues, à laquelle celle de Saint-Jean fut unie.*

C'est à dater de la réunion de l'église Saint-Jean, ruinée par les protestants (1562), que la paroisse Saint-Hugues prit le nom de Saint-Hugues-et-Saint-Jean.

Aimar Durivail rapporte que de son temps (1535) on voyait encore au-dessus de la porte de l'église Saint-Hugues ou Saint-Vincent, un écusson aux aigles impériales et aux fleurs de lis, ce qui constituerait une preuve de la fondation de cette église par Charlemagne. Quoi qu'il en soit, de l'ancienne église attribuée au grand empereur, il ne reste, comme on vient de le voir, que les fondations et les bases des murs. La nouvelle église, reconstruite sur le plan de l'église ancienne, d'une grande simplicité, sans ornements, sans transepts, comme la cathédrale qui lui est jointe, et n'ayant qu'une nef en forme de carré oblong, que termine un chœur de forme également carrée, rétréci sur la nef, date de la fin du douzième siècle. C'est à cette époque que l'église a dû être rebâtie, et que, en tout cas, elle fut dédiée à saint Hugues, évêque de Grenoble. C'est sous l'invocation de ce saint (1239), comme le prouve un acte de cette année qui en fait mention, qu'était spécialement placée cette église, dont le style appartient à la transition de l'architecture romane à l'architecture ogivale.

Saint Hugues naquit en 1053, d'un père brave officier. Il fut un de ces grands évêques qui aidèrent saint Grégoire VII et ses successeurs à défendre la liberté de l'Église contre les princes chrétiens qui voulaient soumettre l'épiscopat à leur autorité et réduire le saint-siège à une vaine primauté d'honneur.

Grégoire VII sacra lui-même à Rome saint Hugues, évêque de Grenoble, et la pieuse comtesse Mathilde, qu'il connut dans la capitale du monde chrétien, voulut lui donner sa crosse, sa mitre et les autres ornements épiscopaux.

---

1. Ou Notre-Dame de l'Assomption, c'est-à-dire la cathédrale actuelle.

INTÉRIEUR DE NOTRE-DAME DE GRENOBLE

Rentré dans son diocèse, où s'était introduit un grand relâchement dans les mœurs, il eut la joie d'en avoir, en deux ans, presque entièrement changé la face. Considérant alors son œuvre comme achevée, et ne voulant plus songer qu'à son salut, il se démit de son évêché et se retira à l'abbaye de la Chaise-Dieu, en Auvergne, où l'on suivait la réforme austère de Cluny. Il espérait y vivre inconnu, tout entier à Dieu, lorsque Grégoire VII lui envoya l'ordre de retourner promptement à son Église et de ne plus la quitter désormais.

Hugues obéit, et Dieu récompensa le saint évêque du sacrifice qu'il avait fait, en lui envoyant saint Bruno et ses six compagnons, qui cherchaient un lieu retiré pour y faire pénitence. Hugues les conduisit dans le désert de la Chartreuse, au milieu des montagnes de son diocèse, et c'est dans ce monastère, sous la discipline de Saint-Bruno, que mourut, presque centenaire, le père du saint prélat.

Hugues prit part au concile de Vienne, convoqué par Pascal II, et au concile du Puy, assemblé pour y condamner le schisme de Pierre de Léon et y excommunier l'antipape Bourdin. Le pape Innocent II vint également en France à l'occasion du schisme, et Hugues renouvela auprès de lui, mais inutilement, la même demande, c'est-à-dire l'autorisation de quitter son évêché, où il ne se croyait plus utile. Il dut donc se résoudre à mourir évêque, et rendit son âme à Dieu le 1er jour d'avril de l'an 1132, âgé de près de quatre-vingts ans.

Le corps du saint évêque fut d'abord exposé à la vénération des fidèles dans l'église Saint-Vincent, puis inhumé dans la cathédrale, où il resta jusqu'en 1562, époque à laquelle le corps du saint et la châsse qui le renfermait furent brûlés par les protestants sur la place Notre-Dame, au devant de l'église.

La voûte de la nef de l'église consacrée à saint Hugues est plus élevée que la voûte du chœur. Toute l'église n'est éclairée que par deux seules fenêtres, l'une au fond du chœur, l'autre faisant face à la nef, et qui est ouverte au-dessus de l'arceau qui sépare cette même nef du chœur. Un ouvrage appartenant à une époque bien plus récente (fin du quinzième siècle) mérite néanmoins d'être cité, c'est la chapelle qui servait autrefois de fonts baptismaux : et qui, aujourd'hui, est sous l'invocation de Notre-Dame de Pitié ou des Sept-Douleurs. Dans la chapelle construite en face pour faire pendant, on remarque trois niches où sont trois statues : *Saint Jean-Baptiste,* qui est au milieu; *Saint Vincent,* diacre, et *Saint Hugues.* Un nouveau bassin a remplacé l'ancien, qui, par sa disposition, par sa coupe et sa dimension, devait appartenir à un âge où l'on baptisait encore par immersion.

Les archéologues les plus dignes de foi ne font pas remonter au delà du dixième siècle les parties les plus anciennes de Notre-Dame, c'est-à-dire le porche, le clocher et les piliers de la nef ; et en cela ils sont d'accord avec saint Hugues, qui nous apprend[1] que la cathédrale de Grenoble est l'ouvrage de l'évêque Isarne, lequel, comme nous l'avons dit, en entreprit la construction après l'expulsion des *païens*[2] de sa ville épiscopale ; cette expulsion eut lieu en 955. Le même prélat eut-il l'honneur de l'achever ? Non, sans doute ; elle porte avec elle assez de traces apparentes de l'ouvrage et de l'architecture de plusieurs siècles ; il suffit de dire, à cet égard, qu'Isarne y fit travailler le premier ; que, le premier, il l'a placée sous le vocable actuel, et que la construction de l'église, après lui, a été continuée et achevée sur un plan primitivement adopté. Le porche ou portique dont l'église est précédée ; la disposition de la porte de l'église, qui est située au fond du porche ; les colonnettes de cette porte, leurs chapiteaux, la première voûte en plein cintre, placée à l'entrée de la nef ; deux colonnes engagées dans le mur et qui soutiennent l'un des arceaux de cette voûte, d'autres détails encore, portent une empreinte évidente et caractéristique de l'époque où vivait cet évêque.

La façade du porche, qui offre toutes les périodes du roman et du gothique, et le portique ont été construits en pierre de taille ; tout le reste de l'église est en brique. Comme dans la plupart des premières églises romanes, le porche est surmonté d'une lourde tour carrée qui manque d'élégance ; un simple toit couronne le clocher. A l'intérieur on remarque trois nefs ogivales, dont les clefs de voûte sont ornées de sculptures ; une quatrième nef, qui date du seizième siècle, est divisée en chapelles ; et six bas-reliefs en bois doré, remontant à la Renaissance, représentent des scènes de la vie de la Vierge. Le tabernacle du maître-autel, en marbre blanc et noir, vient de la Grande-Chartreuse. La voûte du chœur n'est pas plus élevée que celle de la nef. Ce chœur, formé d'une travée et d'une abside ou partie circulaire fermant le sanctuaire, est décoré d'une manière fort simple.

Riche en souvenirs, remarquable par son ensemble et par son architecture simple et sévère, la cathédrale de Grenoble, qui conserve des traces de son ancienne existence, rappelle aussi, dans un des monuments qui décorent son intérieur, l'époque brillante du beau gothique. Son *ciborium* ou tabernacle, qui est à droite, dans le chœur, est un morceau précieux d'architecture ; il peut rivaliser avec tout ce qu'une féconde imagination produit de plus élégant

---

1. Cartulaire de saint Hugues.
2. Probablement des Hongres ou Hougrois, défaits dans les environs de Grenoble (955).

et de plus gracieux en ce genre. Ce magnifique monument en pierre sculptée, généralement admiré, autant par la délicatesse du travail et par sa beauté que par la hardiesse et le fini de son exécution, date du milieu du quatorzième siècle, du temps de l'épiscopat d'Aimon Chissay, qui commença à siéger en 1337 et mourut, à Paris, en 1350.

Un dais à trois faces surmonte ce *ciborium* et le couronne d'une manière admirable ; les détails sont traités avec la plus grande délicatesse. Huit niches, placées sur deux rangs et ouvragées avec luxe, l'accompagnent ; mais elles sont vides de leurs statuettes, détruites pendant les guerres de religion. Les dais qui en font le couronnement servent en même temps de base pour soutenir d'autres statuettes qui ont également disparu. Le sommet triangulaire et détaché de la muraille offre encore trois niches et se termine de la manière la plus heureuse et la plus pittoresque. Non seulement, comme on vient de le voir, toutes les statuettes qui décoraient ces niches ont été abattues, mais la base même du tabernacle a été mutilée en 1562.

Tout le monument, en pierre très dure et très fine, a trois mètres quatre-vingts de largeur sur quatorze mètres d'élévation, depuis le bas jusqu'au point le plus culminant. Le monument entier, doublement curieux par sa délicatesse, par ses ornements évidés et en l'air, et par sa forme, ressemble assez, dans sa saillie, à une espèce de pyramide étroite et élancée, ce qui lui a fait donner le nom d'obélisque, sous lequel ce tabernacle est improprement désigné. A côté est sculpté, aussi en relief, un beau portail gothique, avec deux niches latérales, qui est orné de festons et de riches dentelures, ouvrage construit dans le même genre et dans le même temps que le tabernacle qui lui est joint, et dû sans doute au même ciseau. En face, c'est-à-dire à gauche, de l'autre côté du chœur, est un autre monument bien moins riche et bien moins gracieux que le tabernacle : c'est un tombeau que fit construire l'évêque Aimon Chissay, en 1407, pour lui, pour ses prédécesseurs et pour ses successeurs. C'est par l'intérieur de la cathédrale qu'on pénètre dans la chapelle Saint-Hugues, autrefois, comme on l'a vu plus haut, église principale.

Deux autres églises, Saint-Laurent et Saint-André, sont, à Grenoble, dignes aussi d'attirer l'attention.

Saint-Laurent, bâtie au onzième siècle, fut longtemps regardée comme un ancien temple d'Esculape, à cause de la bizarrerie des sculptures extérieures de son abside. Elle s'élève sur une crypte qu'un archéologue distingué, M. de Caumont, fait remonter au cinquième siècle de l'ère chrétienne. On y remarque de belles colonnes, les unes en marbre blanc de Paros, les autres en marbre rose de l'Échaillon[1], dont les chapiteaux sont ornés de sculptures représentant des sujets chrétiens. Cette crypte est classée parmi les monuments historiques.

L'église Saint-André date également du onzième siècle et a été construite par le Dauphin Guigues-André[2]. Elle est surmontée d'une tour carrée de trente mètres trente-deux de hauteur et couronnée par une flèche octogonale de vingt-six mètres. Le portail est orné de niches, de rinceaux et de fleurons gothiques. Cette église renfermait autrefois les tombeaux de plusieurs des Dauphins et d'autres seigneurs du Dauphiné. On n'y voit plus aujourd'hui que le monument funèbre élevé à la mémoire de Bayard, né au château de ce nom, près Grenoble.

L'église du couvent des Ursulines offre des peintures murales et un beau retable d'autel.

Outre les monuments religieux on remarque aussi à Grenoble le palais de justice, construit en partie sur l'emplacement qu'occupait autrefois le palais des Dauphins. Mais différentes transformations qu'il a subies sous Louis XI, Louis XII, Charles IX et Lesdiguières, qui l'a agrandi, résulte une œuvre sans unité.

La bibliothèque de Grenoble est importante; elle se compose de quatre-vingt mille volumes et douze cents manuscrits; parmi les curiosités qu'elle renferme il faut citer le manuscrit des poésies de Charles d'Orléans; un manuscrit chinois, orné de portraits au lavis de quelques empereurs; une Bible latine du douzième siècle et un petit musée égyptien. La salle principale est décorée des bustes des Grenoblois les plus célèbres, parmi lesquels on remarque celui de Barnave, sculpté par Houdon.

Constatons aussi que le musée de peinture de Grenoble est un des plus riches de la province; il renferme un grand nombre de tableaux des écoles italienne, flamande, allemande, hollandaise et française.

Aux noms du chevalier *sans peur et sans reproche* et de Barnave, membre distingué de la Constituante, ajoutons ceux de Mme de Tencin, auteur de romans connus et sœur du cardinal de Tencin; du philosophe Condillac, de l'historien Mably, son frère; du poète Bernard, connu sous le nom de *Gentil-Bernard*, que lui donna Voltaire, et du célèbre mécanicien Vaucanson.

Il ne nous semble pas hors de propos d'ajouter quelques mots sur le Dau-

---

1. Les pierres calcaires et le marbre à teinte rosée de l'Échaillon (Isère) sont très recherchés.
2. Descendant de Guigues le Vieux, tige des Dauphins du Viennois (1075), qui portèrent pour la plupart le nom de Guigues.

phiné, dont, au moyen âge, Grenoble fut la ville principale. Cette ancienne province, cédée, comme on sait, en 1343, par Humbert II, dernier héritier de la Tour du Pin, à Jean II, à condition que le fils aîné du roi de France prendrait le nom de Dauphin[1], eut beaucoup à souffrir de la guerre acharnée que s'y firent, au seizième siècle, les catholiques et les calvinistes. Ceux-ci choisirent pour chef le connétable de Lesdiguières, né à Champsaur, dans le haut Dauphiné[2]. S'étant entendu avec le baron d'Allemagne, petit village des Basses-Alpes, ce grand capitaine réunit aux forces calvinistes du Dauphiné celles de la haute Provence, et fit triompher leur parti dans cette province. Il conquit plusieurs places et remporta, en 1568, une victoire complète sur de Vins, gentilhomme catholique de Provence. Renommé pour ses succès à la guerre, Lesdiguières reçut pourtant un échec devant Castellane, et ce fut une femme qui le lui infligea.

Instruits par le sort des villes tombées au pouvoir des protestants, les habitants de Castellane résolurent de défendre vigoureusement la leur. Il arriva donc que, loin de pouvoir emporter la ville d'emblée, comme ils se l'étaient figuré, les chefs calvinistes furent contraints de faire passer le pont à leurs troupes et d'aller camper en plein air sur la rive gauche du Verdon[3], dans une saison où le froid est piquant dans ces contrées.

Le lendemain matin, 31 janvier, les assiégeants firent contre la ville une attaque en règle. Pour faire brèche aux murailles, des pétards en bronze bien pesants et bien chargés furent employés, mais inutilement. De leur côté, les habitants firent pleuvoir sur l'ennemi, du haut de la courtine, un feu de mousqueterie qui le surprit et l'arrêta. Dans cette circonstance, les hommes ne se distinguèrent pas seuls par leur courage ; mais les femmes elles-mêmes combattirent aux premiers rangs avec intrépidité. Une, entre autres, excita l'admiration, faisant armes de tout ce qui tombait sous sa main et fournissant des projectiles de toute sorte aux autres femmes, que, par son exemple et son ardeur, elle encourageait à ne pas reculer.

De son côté pourtant l'ennemi ne reculait pas non plus ; si la résistance était héroïque, l'attaque était furieuse. Il y avait surtout une porte contre laquelle les calvinistes s'acharnaient ; il était évident que c'était par là qu'ils espéraient pouvoir plus facilement pénétrer dans la ville. L'héroïne s'en aperçoit et se précipite de ce côté, munie d'une grande quantité de poix

---

1. Le dernier Dauphin fut le duc d'Angoulême, fils aîné de Charles X.
2. Cette province se divisait en haut Dauphiné et bas Dauphiné.
3. Petite rivière qui sépare les départements des Basses-Alpes et du Var, et tombe dans la Durance.

qu'elle a allumée elle-même dans son cuvier et qu'elle verse si à propos sur la tête de Jean Mote, chef de cette troupe, qu'il reste enseveli sous cette masse résineuse embrasée. Sa mort détermina la déroute ; les assaillants s'enfuirent d'autant plus vite que leurs rangs avaient beaucoup souffert et s'étaient prodigieusement éclaircis. Le baron d'Allemagne lui-même avait reçu une balle dont, heureusement pour lui, sa cuirasse avait amorti l'effet. Lesdiguières donc, cet habile général dont les combats avaient été jusqu'alors autant de victoires, fut contraint de lever le siège de Castellane et de reculer devant le courage d'une femme, dont le nom, chose étrange, est demeuré inconnu.

Toutefois, une fête, nommée le *Jour du pétard*, rappelle chaque année le souvenir de la délivrance de Castellane, et perpétue cette strophe d'un chant populaire, celui de l'héroïne, mais avec une variante sur la manière dont fut tué Jean Mote :

> Une brave Judith,
> S'armant de son courage,
> Par sa valeur défît
> L'ennemi plein de rage,
> Là, Mote est écrasé
> Sous *le poids embrasé*
> *D'une lourde machine.*
> Lors, levant tous la voix,
> Ils dirent à la fois :
> « Le ciel nous extermine. »

Lesdiguières combattit avec succès le duc d'Épernon et contribua puissamment à placer Henri IV sur le trône. Fait par ce prince lieutenant général de Piémont et de Dauphiné, il fut nommé maréchal de France (1608) et enfin duc (1611). Cet illustre capitaine mourut à Valence, en 1626, après avoir abjuré le calvinisme à Grenoble, en 1622.

FIN

TABLE

	Pages.
Notre-Dame de Paris...	5
Église Saint-Séverin, à Paris...	31
Église Saint-Étienne du Mont, à Paris................................	41
La sainte Chapelle, à Paris..	51
Église abbatiale de Saint-Denis......................................	59
Cathédrale de Chartres..	77
Cathédrale de Rouen..	79
Églises de Caen..	80
Église du Grand-Andely...	99
Abbaye de Jumièges..	105
Cathédrale de Bayeux...	115
Notre-Dame de Grâce, à Honfleur....................................	125
Cathédrale d'Amiens..	131
Cathédrale de Troyes...	143
Église de Châlons-sur-Marne..	153
Saint-Remi et la cathédrale de Reims................................	161
Église Saint-Michel, à Dijon...	163
Cathédrale de Sens...	169
Église de la Madeleine, à Vézelay....................................	179
Notre-Dame du Puy-en-Velay..	187
Église de Saint-Émilion..	199
Cathédrale de Bayonne..	209
Église Notre-Dame, à Grenoble......................................	213

SOCIÉTÉ ANONYME D'IMPRIMERIE DE VILLEFRANCHE-DE-ROUERGUE
Jules Bardoux, Directeur.

A LA MÊME LIBRAIRIE

Collection de volumes illustrés, format petit in-4°
Chaque volume broché, 1 fr. 25. Relié toile, tranches dorées, 2 fr. 75

AURY (V.)	La Mésange, illustrations par JUNDT.
DUPUIS (E.)	Les Souhaits de Tommy, illustr. de BEARD, SEMÉCHINI.
—	Un peu paresseuse, illustr. de HOPKINS, FABER, etc.
—	La Danse des Lettres, illustr. de TOFANI, B. DE MONVEL, etc.
—	Le Cirque en Chambre, illustr. de BEARD, KAUFFMANN.
—	Hors de l'Œuf, illustr. de DONZEL, J. GEOFFROY, etc.
D'HERVILLY (E.)	La Vision de l'Écolier puni, illustr. de J. GEOFFROY.
—	Les Aventures du Prince Frangipane, illustr. de GAILLARD.
LABESSE ET PIERRET	Le Nid de Grand-Maman, illustr. par FRAIPONT.
LÉONCE PETIT	Les Sept Métiers du Petit Charles, illustr. de l'auteur.
NAJAC (R. DE)	Les Lettres d'Oiseaux, illustr. de KAUFFMANN, TRAVIÈS, etc.
PROTCHE DE VIVILLE	Le Sosie, illustr. de V.-A. POIRSON.
RASTISBONNE (L.)	Les Petits Hommes, illustr. par DE BEAUMONT.
—	Les Petites Femmes, illustr. par DE BEAUMONT.

Collection de volumes illustrés, format petit in-4°
Chaque volume broché, 1 fr. 50. Relié toile, tranches dorées, 3 fr. 50

AURY (V)	De Fil en Aiguille, illustr. par GAILLARD, KAUFFMANN.
BERTIN (Marthe)	Les Épreuves de Jean, illustr. par E. DE LIPHART.
DAUPHIN (L.)	L'Éducation musicale de mon Cousin Jean Garrigou, illustr. par LÉONCE PETIT.
DU CHATEAU (P.)	Le Robinson des Vacances, illustr. de J. GEOFFROY.
LÉONCE PETIT	Les Comédiens malgré eux, illustr. de l'auteur.
NAJAC (R. DE)	Le Nid de Pinson, illustr. par J. GEOFFROY, KAUFFMANN.
PIAZZI (Adriana)	Sans Souci, illustr. par B. DE MONVEL.
—	Les Petites Conteuses, illustr. par GILBERT, KAUFFMANN.
PROTCHE DE VIVILLE	Ilias, illustr. de V.-A. POIRSON.
SÉGARD (Ch.)	Bébés et Papas, illustr. de FERDINANDUS.
STRAHL (Marie)	Gette, illustr. de J. GEOFFROY.
TALANDIER (M.)	Histoire des Mois, illustr. par KAUFFMANN.

Collection de volumes illustrés, format petit in-4°
Chaque volume broché, 1 fr. 90. Relié toile, tranches dorées, 4 fr.

ANCEAUX (J.)	Vie et Aventures de Trompette, illustr. par B. DE MONVEL.
ASSOLANT	La Chasse aux Lions, illustr. de J. GIRARDET.
BERTIN (Marthe)	Madame Grammaire et ses Enfants, ouvrage couronné par l'Académie française, illustr. par GINOS.
—	La Petite Maison rustique, illustr. de CLÉRIGE.
—	Maltaverne, illustr. de J. GEOFFROY.
—	Qui est-elle ? illustr. de A. DUPLAIS-DESTOUCHES.
CANTACUZENE ALTIERI	Contes pour endormir ma Petite-Fille, illustr. de FERDINANDUS.
DU CHATEAU (Pierre)	Le Roman de Christian, illust. de SANDOZ.
—	Les Quatre Fils Aymon, illustr. de SANDOZ.
DUPUIS (E.)	Promenades de deux Enfants à l'Exposition, illustr. de MÈS.
PIAZZI (A.)	Pharos, illustr. de SANDOZ.
—	Mamzelle Frisette, illustr. de VAN MUYDEN.
PRAVAZ (H.)	Histoire de Praline, illustr. de J. GIRARDET.
SÉGARD (Ch.)	La Succession du Roi Guilleri, illustr. de B. DE MONVEL.
TITMARSH	La Rose et l'Anneau, trad. par Mélanie Talandier, illustr. par POIRSON.
VADIER (B.)	A la Conquête du Courage, illustr. d'A. MARIE.

Collection de volumes illustrés, format petit in-4°
Chaque volume broché, 2 fr. 90. Relié toile, tranches dorées, 4 fr. 75.

BAUDEL	Un an à Alger, illustr. de FROMENTIN, GUILLAUME, GÉRARD, etc.
BIBLIOPHILE JACOBY	Le Dieu Pepetius, illustr. de A. PARYS.
BURON	Vieilles Églises de France, illu. de HUBERT, CLERGET, FEILLMANN, etc.
DANIEL BERNARD	La Chasse aux Phénix, illustr. de H. CLERGET, VIERGE, etc.
DU CHATEAU (Pierre)	Souvenirs d'un Petit Alsacien, illustr. de GIRARDET.
DUPUIS (ED.)	Les Disciples d'Eusèbe, illustr. de COURBOIN.
—	Les Entreprises d'Harry, illustr. de BEARD, JUNGLING.
—	A la Recherche d'une Ménagerie, illustr. de FABER.
LEILA HANOUM	La Nouvelle Scheherazade, illustr. de FERDINANDUS.
LEMERCIER DE NEUVILLE	Contes et Comédies de la jeunesse, ill. de B. DE MONVEL.
LÉOUZON LE DUC	Impressions et Souvenirs de Voyages dans les Pays du Nord, illustr. de BRETON, CLERGET, LIX.
MERYEM CECYL	Le Tueur de Daims, illustr. de ZIER.
MULLER (Eug.)	Scènes villageoises, illust. de GAILDREAU et LIX.
—	Chez les Oiseaux, illust. de GIACOMELLI, TRAVIÈS, etc.
NARJOUX (F.)	Histoire d'une Ferme, illustration de l'auteur.
PORCHAT (J.)	Les Deux Auberges (l'Ours et l'Ange), illustr. de RÉGAMEY.

IMP. NOIZETTE, 8, RUE CAMPAGNE-PREMIÈRE, PARIS.

www.ingramcontent.com/pod-product-compliance
Lightning Source LLC
Chambersburg PA
CBHW051910160426
43198CB00012B/1824